縄文の思想

瀬川拓郎

講談社現代新書
2454

目次

はじめに

生き残る縄文

文字に残されることのなかった縄文人のリアルな思想を、現代の私たちが知ることなどできるのか——。

この本のタイトルを目にしたみなさんは、そうおもわれるにちがいありません。

考古学にたずさわる私自身、縄文人の生き方を律した思想、あるいはかれらの他界観や世界観といった、生々しい観念の世界に分け入る方法を知りませんでした。

しかし、それは可能である、と現在の私は考えています。本書は芸術的な感性などではなく、考古学と神話から具体的な資料にもとづいて縄文の思想を明らかにします。

しかし、ページをめくってみても、当の縄文文化そのものについてはほとんど触れられていないではないか、と首を傾げられるかもしれません。

海辺や北海道、南島《なんとう》という日本列島の周縁に生きた人びととの、弥生時代以降の歴史から縄文の思想を立体的に浮かびあがらせるのが本書の方法であり、従来にはなかった独自性でもあります。

縄文は失われた過去ではなく、周縁の人びとの生を律する思想として、かれらのなかに生き残ってきました。その生の様式をとおして、もうひとつの日本列島人の歴史を描くことが本書の目的です。

では、なぜ周縁の人びとなのでしょうか。

かれらは弥生時代以降、縄文伝統である狩猟漁撈《ぎょろう》のほか多様な生業に特化することで農耕民との共存を実現し、その結果、縄文の習俗や思想をとどめることになったと私は考えています。周縁の人びとの、弥生時代以降の歴史に注目しようとする理由は、この点にあります。

縄文の思想を縄文文化の外側から探ってみようとする、かなり天《あま》の邪鬼《じゃく》で迂遠《うえん》な方法にたどりついた、本書の成り立ちについて説明しておきたいとおもいます。

なぜ共通する神話・伝説があるのか

アイヌと『古事記《こじき》』『日本書紀《にほんしょき》』『風土記《ふどき》』の古代海民の神話・伝説には、共通するモティーフがある――。

私は、考古学からアイヌの歴史を研究していますが、伝説に彩られた北千島《きたちしま》アイヌの成立について考えたことがきっかけとなり、歴史資料としての伝説の可能性に注目するようになりました。そして数年前、アイヌ伝説に目をとおしていた私は、先の事実に気がついて、深い闇の世界をのぞきみたように感じたのです。

なにひとつ関係がないようにみえるアイヌと古代海民のあいだに、なぜ共通する神話・伝説があるのか——。縄文の思想についてのべる本書は、この疑問について考えることからはじまりました。

両者に共通する伝説のひとつは、海の神が山頂の女神のもとへ往還する物語です。それは農耕がおこなわれる平野をふくまない、海と山からなる二元的な世界観、非農耕民的な世界観を示しています。

さらにこの二元的な世界観は、かれらの他界観と深くむすびついていました。アイヌと古代海民の他界は地下にあり、海辺などの洞窟を入口とし、山頂を出口とする共通の構造をもっています。

つまりこの伝説は、生者である海の神が死霊である山の女神を訪ねる、他界への往還伝説といえるものなのです。洞窟と他界のむすびつきは縄文時代からみられますが、島根県の海辺の集落では、洞窟を他界の入口とする観念が現在もなおうけつがれています。

周縁・まれびと・修験者

アイヌと古代海民のあいだで共有されていた、海と山を往還する神という、他界とむすびついた世界観――そのことに気がつくと、まるでそれが磁石であるかのように、おもいもよらない事実が次々とむすびついていきました。

海と山頂を往還する神の世界観、海蝕《かいしょく》洞窟を他界の入口とする観念は、南島にも分布しています。この南島の世界観をもとに、往還する神としての「まれびと」論を唱えた国文学者の折口信夫《おりくちしのぶ》は、このような世界観が古代日本の知識体系と断絶する「前古代」「前日本」の世界観、いわば縄文的な世界観であると考えていました。

さらに洞窟を他界の入口とし、山頂を出口とする伝説は、山形県羽黒山《はぐろさん》など日本列島各地の修験道《しゅげんどう》の中心的道場でも伝えられています。この修験者《しゅげんじゃ》について宗教民俗学者の五来重《ごらいしげる》は、各地の道場の縁起に狩猟者との関係が説かれることから、かれらは縄文の信仰をとどめていたのではないかと指摘していました。

他界への往還伝説から浮かびあがってきたのは、日本列島を覆う縄文の影にほかならなかったのです。本書は、このような周縁の人びとの世界観・他界観が縄文に起源するものであることを、おもに考古学の成果から論じます。

さらに、この海と山を往還する神という縄文の世界観は、農耕民のなかにも変容しながら受け継がれていました。そこでは、海の神を失った山の女神が、ひとり山と平野の田畑を往還する存在となっていたのです。

縄文は二〇〇〇年前に消え去った過去ではなく、日本列島の周縁で、あるいは異なる相貌をみせながら私たちの深層でたしかに息づいてきた――。考古学の研究者であるにもかかわらず、というより考古学の研究者であるからこそ、縄文が現代まで残存してきたなど と一度も考えてみたことのない私は、その事実に強烈な衝撃を受けました。

アクチュアルな生の思想

この海民、アイヌ、南島の人びとが共有していたのは、縄文の世界観・他界観だけではありません。

おどろくべきことに、イレズミや抜歯《ばっし》という縄文伝統の習俗、縄文人の形質的特徴が、地域によっては近現代まで残存していたのです。イレズミと抜歯を最後までとどめたのは、ゆるやかな定住を特徴とするかれらのなかでも、もっとも非定住性の強い家船《えぶね》漁民とよばれる九州北部の漂泊民でした。

さらに、この周縁の人びとの生活誌に注目すると、そこには明らかに共通する生き方や気風が認められます。

それは商品交換への強い違和感、贈与への執着、分配をつうじた平等、強制や圧力の拒否、他者や土地とのゆるやかなつながり、中心性を排した合意形成です。

そのため第二次大戦まえには、京都府や青森県など各地の漁村が「共産主義者の村」と揶揄《やゆ》されることもあったのです。かれらはまた呪術によって自然と一体化し、芸能によって未来を言祝《ことほ》ぐ人びとでした。

ときに強い暴力性を帯びた、マジカルな周縁の人びとの土俗思想である自由と平等は、農耕民化と市場経済のなかを生き抜き、「おわりに」でものべるように、現在もなおアクチュアルな意味を担いつづけています。本書は、この周縁の人びとの生を律してきた縄文の思想についてのべるものです。

なぜいま縄文なのか

それにしても、周縁に残存した始原の土俗思想を知ることに、そもそもどのような意味があるのでしょうか。

私たちのなかには、弥生的な定住モードの人びとと、縄文的な非定住モードの人びとの二種類がいるのではないか、と考えることがあります。

私たちの多くは、日本国民でありながら異民族として生きることを選びとった人びとの葛藤を、容易に推し量ることができません。しかし平板にみえるこの帰属性のなかにも、実は縄文というもうひとつのアイデンティティがあり、非定住モードの人びとは、その得体の知れないもうひとつの出自に強く引き寄せられるのではないでしょうか。

安定的な社会、自由な競合、富の蓄積――そこに生きる意味と価値をみいだした定住モードの人びとは、農耕モノカルチャーの極相である資本主義モノカルチャーに同化し、物質性豊かな現代社会を築いてきました。私たちはその恩恵に浴しています。

しかし、資本を王とする新たな奴隷制であるこの社会のなかには、あふれかえる富の意味が理解できず、競合という他者への「攻撃」を心底厭《いと》わしくおもい、離群を夢みる非定住モードの人びとがおり、なぜこれほどまでに生きにくいのか、やりきれない日々を送っているのではないでしょうか。

かれらもまた、容易に同化できないでいる「異民族」のようにみえます。

これ以上持たなくてよい。競う必要などない。いつでも離脱してゆけばよい――。

その縄文の声にしたがうことは、戦列を退いて敗者となることではなく、自身を相対化し、私たちは変わってゆける存在だと信じることです。そもそも勝者になろうが敗者になろうが、それは生の成熟とは本来かかわりのないことであり、どのような人間であれ、みじめで屈辱的なおもいを抱え、身を小さくして生きていかなければならない理由などひとつもありません。

本書が、これまで知られていなかった生々しいリアルな縄文をとおして、この生きづらさとは対極の生をおもい描いてみる、ひとつのきっかけになれば幸いです。

序　章——縄文はなぜ・どのように生き残ったか

縄文はなぜ・どのように生き残ったか

本書は、日本列島周縁の海民、アイヌ、南島の人びとが、縄文の習俗や世界観・他界観をとどめてきたことを明らかにし、かれらの共通する生き方のなかに縄文の思想を探ろうとするものです。

では、縄文の習俗や世界観・他界観が、周縁の人びとのなかに生き残ったのはなぜなのでしょうか。農耕民化と市場経済のなかを、縄文の思想はどのように生き残ってきたのでしょうか。

ここでは、そのあらましと本書の構成について紹介します。

「はじめに」でのべたとおり、本書はこれまでにない方法によって縄文の思想に迫ろうとするものです。そのため各章を読み進めるなかで、何のために、どこへむかって議論を進めているのか、わかりにくいとおもうことがあるかもしれません。そのときには、この序章に立ちもどっていただきたいとおもいます。

ただし、神話に関心がある、縄文の思想を知りたいという方は、第三章以降に直接進んでいただいても、内容はおおむねご理解いただけるはずです。

文化とヒトの弥生化

本書の構成についてご紹介するまえに、縄文の思想が弥生時代以降も生き残ることになったのはなぜか、その分岐点である縄文人と弥生人、縄文文化と弥生文化の関係についてかんたんにのべておきたいとおもいます。

縄文文化とは、一万五〇〇〇年まえから、先島《さきしま》諸島（沖縄県南西部の宮古《みやこ》・八重山《やえやま》両諸島）をのぞく南西諸島から北海道にかけて、日本列島で展開した狩猟・漁撈・採集の文化です。この文化を担ったのは、現生人類のなかでも古層の遺伝子的・形質的特徴をもち、アジア人の共通祖先と考えられている縄文人です。

本書にいう縄文の思想とは、一万年以上におよぶこの縄文時代の、あるいはそれ以前の旧石器時代から受け継がれてきた思想を意味します。

一方、紀元前一〇世紀後半になると、朝鮮半島から水稲耕作の文化が伝わり、九州北部で弥生文化が成立します。

この弥生文化は、紀元前八世紀に中・四国、同七世紀に近畿、同六世紀に東海・北陸、同三世紀に中部・関東・東北中南部、東北北部には一足はやく同四世紀と、時間を経るにしたがって東へ拡大していきます。ただし北海道と南島では、弥生農耕文化を受容することはありませんでした。

では、この弥生文化の拡大のなかで、各地の縄文人は駆逐されてしまったのでしょうか。

弥生文化のなかには、石鏃《せきぞく》、刃器《じんき》、石皿《いしざら》、磨石《すりいし》などの石器、銛《もり》や釣針などの骨角器《こつかくき》といった生業の道具だけでなく、石棒《せきぼう》や土偶といった祭祀や呪術の道具、つまり縄文文化の観念世界も残存しました。このことは、弥生文化が縄文文化を駆逐していったのではなく、各地の縄文人が弥生文化を受容したことを示しています。

ただし、弥生時代中期（紀元前四世紀〜紀元前後）までに、残存した縄文文化の多くは姿を消していきます。農耕を受容することは、農耕にまつわる祭祀など文化の総体を受容することであり、そのなかで縄文文化は失われていくことになったのです。

さらに、朝鮮半島から渡来した北方モンゴロイド集団と縄文人が混血して成立した弥生人と、縄文人の混淆《こんこう》も進展します。日本列島の縄文人は、文化の弥生化とヒトの弥生化という巨大な変化の渦にとりこまれていくことになったのです。

縄文の継承と変革

しかしそのなかで、弥生農耕文化を積極的には受容しようとしない人びとがいました。それは先ほどの北海道と南島、そして各地の海辺の人びとです。

では、かれらは縄文文化の殻に閉じこもり、縄文時代から変わらない狩猟・漁撈・採集の暮らしをおくっていたのでしょうか。

そうではありません。鉄とコメに象徴される弥生文化は、私たちの想像を超える強力な引力をもち、そのなかでかれらも大きな変貌を遂げていくことになったのです。

弥生時代になると、各地の漁撈は縄文時代から大きく変化します。サメ、マグロ、カツオなど外洋での大型魚や回遊魚の漁、海獣類の猟、アワビの大量採捕といった、高度な技術を要する漁猟や特定種の漁が展開します。

これは、縄文時代の日本列島に地域的に偏在していた高度な漁撈・海獣猟の文化を、各地の海辺の人びとが選択的にとりいれたものです。弥生時代には漁猟場の開発も一気に進みます。

この動きは日本列島の全域を巻きこみ、北海道でも東北地方太平洋沿岸や西日本日本海沿岸の漁撈文化を導入し、外洋での大型のヒラメやメカジキの漁が展開します。

弥生時代のなかで、縄文伝統の漁猟を深化し、これに特化していった海辺の人びとを「海民《かいみん》」と呼ぶことにします。

かれらはさらに、漁撈だけでなくさまざまな生業を展開していきます。

それは玉《ぎょく》や塩の生産のほか、海上交通による南島産貝製品などの流通です。弥生時代には列島規模の交通が活発化しますが、この遠隔地交流を担ったのが海民です。かれらは狩猟や、古墳時代以降はウシ・ウマの飼育といった、動物と濃密にかかわる生業にも従事しました。

閉ざしつつ開く

この海辺を中心とした多様な生業のありかた、いわば生業のマルチカルチャー性もまた、農耕モノカルチャーとは異なる縄文の特質といえるものですが、そこには鉄やコメなどをめぐる農耕民との交易がかかわっていました。

弥生時代を迎えた北海道、南島、各地の海辺の人びとは、狩猟漁撈や手工業生産への特化をつうじて農耕民と交易し、かれらとのあいだで補完的な分業体制を構築することになったのです。

私は、一〇世紀前後の北海道で本州との交易が拡大するなか、アイヌが交易品となる特定種（オオワシ尾羽・アワビ・各種毛皮獣など）の狩猟漁撈に特化し、縄文伝統の生業を深化・多面化することによって異なる生態系適応を遂げ、交易適応の社会（アイヌ・エコシステム）を成立させた、と考えてきました（瀬川二〇〇五・〇七）。

しかし、このような交易適応は、一〇世紀ではなく弥生時代に、それも北海道、南島、海辺という日本列島周縁の縄文人のなかで生じたものである、と現在では考えています。

この縄文的な生業の継承は、農耕の受容が農耕の世界観の受容を不可欠としていたように、その暮らしを精神的に支える縄文の思想の継承を不可欠としていました。かれらはイレズミや抜歯といった縄文の習俗、縄文の世界観や他界観をとどめていましたが、そこにはこのような縄文的生業の選択がかかわっていたとおもわれるのです。

ただし、縄文を選択したからといって、海民、アイヌ、南島の人びとが、文化とヒトの弥生化から孤立していたわけではありません。

そもそも生業についても、かれらが農耕をまったくおこなっていなかったのではないのです。とはいえ、農耕は主たるなりわいというわけでなく、したがってそれもまた、生業のマルチカルチャー性という縄文伝統のなかで理解すべきものです。

かれらの社会は、農耕民にたいする排他的な「閉じた系」としての性格を帯びていました。しかし、かれらにとっての縄文は、殻に閉じこもって農耕民から孤立するためでなく、農耕民と共存するために選択された「開かれた系」だったのです。

つまり縄文の選択は、農耕民と交流しつつ排他する、矛盾をはらんだ微妙な関係を生きることにほかならなかったのですから、その交流のなかで農耕民化していく人びとも、けっして少なくなかったにちがいありません。

日本列島周縁の海民、アイヌ、南島の人びとのなかに、縄文が残存することになった理由は以上のとおりです。このことを踏まえ、本書は以下の構成でかれらの縄文の思想に迫ってみたいとおもいます。

本書の構成——第一章

第一章は、弥生時代を迎えた日本列島の海辺の人びとが、縄文性をとどめる専業的な海民となったことをのべます。その要旨については先ほどご紹介したとおりですが、ここでは九州から南島を中心に海民化の実態についてみていくことにします。

九州北部で弥生文化が成立すると、九州西海岸から南島の人びとは、農耕民が珍重《ちんちょう》した南島産貝輪《かいわ》の流通に従事する海民となります。

かれらは古墳時代ころまで、一部地域では現代になっても縄文人の形質的特徴を色濃くとどめ、イレズミや抜歯という縄文習俗が弥生時代まで、一部地域では現代までおこなわれていました。さらにこの地域には、アイヌ語研究者によってアイヌ語地名が濃密に分布すると指摘され、それは縄文語の残存ではないか、と考えられてきました。

南島産貝輪の流通に従事した海民は、非農耕の縄文的生業に特化することで、縄文の習俗、縄文語としてのアイヌ語地名、縄文人の形質的特徴をとどめてきたのであり、日本列島各地の海民もまた、程度の差はあれ縄文の文化や形質をとどめてきたことをのべます。

本書の構成——第二章

第二章では、北海道に視点を移し、弥生～古墳時代の海民とアイヌの祖先集団の交流、つまり農耕民とは異なる世界で展開した、日本列島の縄文ネットワーク（縄文性を帯びた人びとの交流）の実態をみていきます。

次章の第三章では、アイヌの神話・伝説のなかに、古代海民の神話・伝説と共通するモティーフが認められることを指摘しますが、なぜ共通する神話・伝説があるのか、それは日本列島の縄文起源の神話・伝説だったのかを検討するためにも、海民とアイヌの祖先集団の交流について、その実態を明らかにしておくことが不可欠なのです。

弥生時代の北海道では、農耕を受容せず、縄文時代から変わらない狩猟漁撈の暮らしが続いた、と考えられてきました。しかし実際には北海道でも、先にのべたように海民化が進行し、縄文時代とは異なる劇的な社会の変化が生じていたのです。

そのきっかけは、鉄器・管玉《くだたま》・南島産貝輪といった弥生の宝の流通であり、その交易を担った日本列島各地の海民との交流です。

本章で明らかにするように、弥生～古墳時代の北海道では、本州各地の海民が北海道を訪れ、海辺や離島を拠点にアイヌの祖先集団と交流していました。これまで大陸起源と考えられてきた北海道の洞窟壁画や、離島に残る奇妙な墓についても、かれらが残した可能性を指摘します。

この海民はまた、卜骨《ぼっこつ》という朝鮮半島由来の卜占術《ぼくせんじゅつ》を北海道にもたらしました。海民は、朝鮮半島南部の多島海世界の海民とも交流しており、そのため朝鮮半島の文化もとりこんでいたのです。

さらにこの第二章では、古墳時代にサハリンから北海道へ南下してきたオホーツク人と、本州の海民の交流についてものべます。このオホーツク人は、高度に海洋適応した海民であり、大陸沿海州の人びとともに深く交流していました。

北海道を舞台に繰り広げられた南と北の海民の交流、古代の朝鮮半島―日本列島―サハリン―大陸沿海州をリンクした、グローバルな海民世界の一端をみていきます。

本書の構成――第三章

第三章では、縄文性をとどめ、たがいに交流していた本州の海民、アイヌ、南島の人びとのあいだに、共通する神話・伝説があることを指摘します。

最初に、その共通する神話・伝説のなかに縄文起源の神話と考えられるものがあることを明らかにし、そこにうかがわれる縄文時代の世界観・他界観についてのべます。

古代の『肥前国風土記《ひぜんのくに》』と『出雲国風土記《いずものくに》』には、海の神であるワニ（サメのたぐい）が、川をのぼって山の女神のもとへ往還するという海民伝説があります。

アイヌ伝説にもこれとまったく同じモティーフがあり、そこでは海の神がむかった山は高山と語られます。アイヌにとってこの高山は、地下にある死霊の世界の出口を意味し、その入口は海辺などの洞窟とされているのです。

つまり、アイヌの海の神の山中往還譚《さんちゅうおうかんたん》は、生者である海の神が死者である山の女神を訪ねる、他界への往還伝説とみられるものですが、南島にも海の神と山の神が往還する同じ世界観や伝説があり、それもやはり他界と深くむすびついています。さらに、アイヌは洞窟を他界の入口とみなしていましたが、この観念は海民と南島の人びとにもみられます。『風土記』の伝説は、海民、アイヌ、南島の人びとに共通する、他界往還譚だったと考えられるものなのです。

この洞窟を地下の他界の入口とし、山頂をその出口とする伝説は、日本列島各地の修験者のあいだでも伝えられていました。さらに、往還する神の世界観・他界観は、国文学者の折口信夫が指摘した、霊の世界から往還する「まれびと」が基層をなす「前日本」「前古代」の世界観・他界観とも一致します。

これらが縄文起源の神話であり、したがって周縁の人びとが縄文伝統の生業や習俗だけでなく、縄文の世界観や他界観を共有してきたことを明らかにします。

次に、古代海民と共通するアイヌの神話・伝説のなかに、縄文起源の神話ではなく、弥生～古墳時代の北海道での活発な交流をつうじて、海民からアイヌへ伝わったとみられるものがあることを指摘します。その例として、『古事記』のアメノヒホコという朝鮮半島からの渡来人の伝説をとりあげます。

このアメノヒホコの伝説は、女が日光によって妊娠し（日光感精《にっこうかんせい》）、女が卵を産んで生まれた子どもが始祖になる（卵生《らんせい》）、朝鮮半島の始祖神話に特徴的なモティーフをもっています。これまで指摘されたことはありませんが、アイヌ神話のなかにも、この「日光感精」と「卵生」のモティーフをもつ、アメノヒホコ類似の始祖神話があります。

朝鮮半島と交流していた九州北部の古代海民は、『古事記』のアメノヒホコの異伝を伝えていました。その異伝の特徴がアイヌの始祖神話に認められることから、これが海民をつうじてアイヌの祖先集団へ伝わったものであることを明らかにします。

第三章ではまた、海と山を往還する神という縄文起源の世界観や伝説が、周縁の人びとだけでなく、農耕民のなかにも変容しながら受け継がれてきたことについてのべます。

本書の構成——第四章

第四章では、縄文の世界観・他界観を共有していた周縁の人びとに注目し、かれらの共通する生き方のなかに、その生を律した縄文の思想を読み解いていきます。

はじめに、縄文性をとどめた周縁の人びとが強い呪能《じゆのう》と芸能性を帯びていたことについて、亀卜《きぼく》という呪術によって律令国家に仕えた海民の卜部《うらべ》、古墳時代まで縄文人の形質的特徴をとどめ非農耕の生業に従事した南九州の隼人《はやと》、古代大和《やまと》国の山中で狩猟漁撈・採集を生業とした国栖《くず》などからのべます。

かれらは呪術によって古代の王権を守護しましたが、それは狩猟漁撈に従事するかれらが自然と一体化するテクネ（技能）にほかなりませんでした。海民とアイヌのなかには、自然を意のままに操る呪術が現代まで色濃く残存します。

かれらはまた、芸能によって王権を言祝《ことほ》ぎましたが、その芸能は、海と山を往還する神による祝福という縄文の世界観に根差すものでした。

その後、周縁の人びとのなかには、故地を離れ、呪術や芸能を生業として都市や農耕民の世界を漂泊する神人《じにん》、萬歳《まんざい》、乞食者《こつじき》、傀儡子《くぐつ》、あるいは箕《み》づくりなどを生業とする非定住民が生じていったのではないかとおもわれます。かれらの強い漂泊性は、ゆるやかな定住という縄文の特性が農耕社会や市場社会との共存のなかで拡大化したものであり、その生業の多様性もまた、縄文的生業がもつマルチカルチャー性によって理解できるものなのです。

第四章ではさらに、周縁の人びとのなかに商品交換への強い違和感、贈与への執着、分配をつうじた平等、強制や圧力の拒否、他者や土地とのゆるやかなつながり、中心性を排した合意形成、外部にたいする強い暴力性を読みとります。

そしてそれこそが、かれらの生を律してきた縄文の思想であり、縄文時代の終焉から二〇〇〇年ものあいだ農耕民化と市場経済のなかを生き抜き、近現代まで受け継がれてきたものであることをのべたいとおもいます。

第一章　海民と縄文——弥生化のなかの縄文

1　残存する縄文伝統

現代に残る縄文習俗

日本列島には、近現代になってもイレズミという縄文伝統の習俗をとどめる人びとがいました。それはアイヌ、南島の人びと、そして家船《えぶね》漁民とよばれた海民です。

家船漁民とは、船を家として移動しながら漁をおこない、農耕民との物々交換を生業とした人びとですが、かれらのなかにはイレズミだけでなく、抜歯という縄文習俗もみられました。

二〇〇〇年以上もまえの縄文伝統の習俗がなぜ残されてきたのか――。そのことについて考えてみるまえに、そもそもかれらのイレズミや抜歯がただしく縄文習俗といえるものだったのか、みていくことにしましょう。

家船漁民は、長崎県の西彼杵《にしそのぎ》半島と五島列島、瀬戸内海などを拠点にしていましたが、その西彼杵半島の西海町《さいかい》（現西海市）で、ある男性から聞きとった情報のなかには、次のようなものがあります。

子どものころ、西海町には五島列島などから家船漁民が物々交換にやってきた。その女性をみると、前歯が数本なかった。母親に理由をたずねると、家船の人びとには抜歯の風習があると教えられた。抜歯をしていた女性たちは、存命であればもう一〇〇歳を越えているだろう、というのです（坂田一九七三）。これは一九七二年の聞きとりです。

家船漁民の抜歯は、大分県大分市でも報告されており、女性の成人儀礼としておこなわれていたとされています（春成二〇〇二）。

海民と抜歯

抜歯とは、縄文時代前期以降、成人儀礼や婚姻儀礼として日本列島全域でおこなわれていた習俗です。これは弥生時代になってもみられますが、中期はじめには列島全体で衰退します。ただし、古墳時代になっても九州、山口、鳥取、岡山、奈良、徳島など西日本では一部残存します。

北海道では、本州と歩調をそろえるように、弥生時代になると抜歯の習俗は確認できなくなります。ただし、近世には千島列島をふくむアイヌ社会全体でおこなわれていた、という報告もあります。道内や千島で出土した一八〜一九世紀の人骨一二五体を観察した人類学者によれば、そのうち一九体一五パーセントに抜歯が確認されたというのです（井上

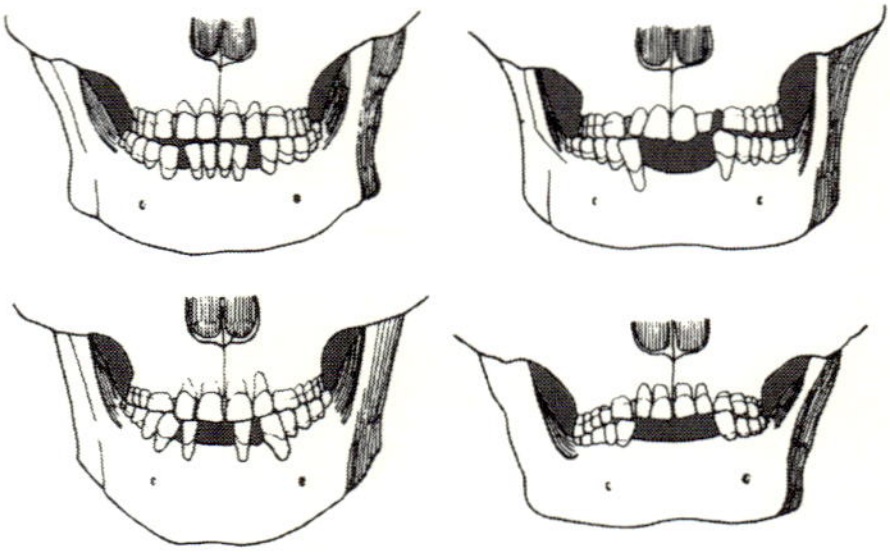

縄文時代の抜歯型式
春成（2002）原図を改変。

ほか一九八七）。

　これがただしく抜歯であるとすれば、なぜそれ以前の人骨には抜歯が確認できないのか、なぜ近世の記録のなかにその奇妙な習俗がとりあげられていないのか疑問ですが、ひとまず北海道では近世まで残存した可能性も考慮しておくことにします。

　南島では、縄文時代後期から一〇世紀ころまで連綿と抜歯の習俗がみられます。一〇世紀の例は、八重山《やえやま》諸島の与那国《よなぐに》島桃原《とうばる》遺跡、同祖納《そない》遺跡、竹富《たけとみ》島ヒナイ遺跡で確認されており、本土よりかなり遅くまで縄文の習俗が残存したことがわかります（春成二〇一一）。

　本州でも、弥生時代の全期間をつうじてこの習俗が根強く残存した地域があります。それは、さきほどの西彼杵半島や五島列島をふくむ長崎県の沿岸や島嶼《とうしょ》部、石川県の能登《のと》半島、神奈川県の三浦《みうら》半島、千葉県沿岸部という、いずれも海民の拠点地域です。弥生時代の海民は、列島各地でこの縄文習俗を強くとどめていたのです。

そこで春成秀爾《はるなりひでじ》は、西彼杵半島の家船漁民にみられた近代の抜歯習俗は、弥生時代に抜歯が長く残存した地域と重なっており、また同じ海民のあいだにみられる習俗であることから、縄文伝統の抜歯と関係があるだろうとのべています（春成二〇〇二）。

また坂田邦洋《さかたくにひろ》も、弥生時代に長崎県の沿岸部や島嶼に残存した抜歯が、「水稲耕作に適さない地域」という特性のなかで近代まで残存したものの可能性がある、と指摘していますす（坂田一九七三）。

家船漁民と縄文の抜歯は、成人儀礼という目的も一致しています。春成や坂田が指摘するように、家船漁民の抜歯は縄文習俗の残存と考えられそうです。

イレズミ・縄文・ケガレ

一方、海民がおこなっていたというイレズミも、縄文時代からおこなわれていた習俗です。

縄文時代にイレズミがおこなわれていたかどうか、考古学では古くから議論されてきましたが、決定的な証拠がありませんでした。

そこで設楽博己《したらひろみ》は、史料からイレズミの存在が明らかな古墳時代の、人物埴輪《はにわ》の顔面線刻をとりあげ、そこから弥生時代の人面線刻土器、縄文時代の土偶へとさかのぼっていき

南島とアイヌのイレズミ

左二つが南島、右二つがアイヌの例。児玉ほか（1939）および小原（1989）から作図。

ました。その結果、イレズミをあらわす顔面線刻のパターンは時代をつうじて連続的に変化しており、縄文時代のイレズミ習俗の存在が実証的に明らかにされたのです。

そのうえで設楽は、イレズミの変遷について次のようにのべています。

縄文時代のイレズミは、成人儀礼や通過儀礼として男性も女性もおこなっていた。しかし、『魏《ぎ》志《し》』倭《わ》人伝《じんでん》（三世紀）には、男はみな顔や体にイレズミをおこなっているとあり、弥生時代には男性の習俗になった。古墳時代になると、イレズミをおこなうのは、男性、身分の低い人びと、戦士、エミシなど畿外の異人、馬飼や鳥飼など動物をあつかう人びと、阿《あ》曇《ずみ》などとよばれた海民にかぎられるようになった、というのです（設楽二〇〇八）。

さらに森《もり》浩《こう》一《いち》は、古代の南九州で狩猟漁撈を中心に農耕も営み、王権から異民族的な集団とみなされていた隼人のイレズミにも注目しています（森一九九三）。

古墳時代のイレズミは、鳥獣魚をあつかう非農耕民や海民、下層民、支配に染まらない人びとのなかに残存していたのですから、農耕民や王権にとって、イレズミが賤視の対象になっていたことは容易に推察されます。

台湾など周辺地域にもイレズミの習俗はみられます。しかし『梁書《りようしよ》』百済伝《くだらでん》(七世紀)には、百済は倭国《わこく》に近く、そのためイレズミをする者がたいへん多いとあります。大陸や朝鮮半島の側では、これを倭人の習俗と認識していたことがわかります。

北海道では近代まで、アイヌの女性が成人儀礼として、口のまわりや前腕部に何度かに分けてイレズミをおこなっていました(児玉ほか一九三九)。また南島でも近代まで、同様に成人儀礼として、女性が前腕部を中心に足など体の各所に何度かに分けてイレズミをおこなっていました(小原一九八九)。

近代の北海道や南島のイレズミが、縄文時代から途切れることなくおこなわれてきたのか、考古学的に確認することはできません。しかし、両地域のイレズミが成人儀礼の目的をもち、女性がおこなっていた事実は、弥生・古墳時代のイレズミより縄文時代のそれに近い特徴といえます。さらに顔面にも施していたという点で、北海道のイレズミは南島よりも古層の特徴を残すものだったと考えることができそうです。

家船漁民のイレズミについては、実態がよくわかりません。しかし、かれらのなかに縄文伝統の抜歯がみられる以上、イレズミもまた縄文伝統であった可能性がきわめて高いといえそうです。古墳時代のイレズミが海民の習俗であったことも、その連続性を支持する事実なのです。

縄文人的な弥生人

家船漁民のイレズミと抜歯が、縄文起源の習俗らしいことをみてきましたが、海民の縄文伝統はそれだけではありません。

ひとつは、かれらのなかに残存した縄文人の形質的特徴です。

縄文人は、北海道から沖縄県にかけて日本列島のほぼ全域に住んでいた人びとです。顕著な地域性は認められず、列島全域で均質な形質的特徴をもっていました。

この縄文人と朝鮮半島からの渡来人が混血し、現代の本土人の直接的な祖先である弥生人になったことはよく知られていますが、この弥生人化は縄文人を淘汰《とうた》するように進行したのではありません。

全国の弥生時代の人骨を分析した松村博文《まつむらひろふみ》によれば、この弥生人化は地域によって、また一遺跡内においても、まだら状に進展していったと考えられています（松村二〇〇三）。

なかでも、長崎県沿岸を中心とする地域の弥生時代人骨は、眉の部分が高く隆起し、鼻が高く、彫りが深いといった、縄文人と共通する特徴をもつことが注目されてきました。
「西北九州群」とよばれるこの人骨群は、長崎市深堀《ふかほり》遺跡、五島列島の新上五島《しんかみごとう》町浜郷《はまごう》遺跡、同宇久《うく》島（佐世保《させぼ》市）松原《まつばら》遺跡の出土人骨が標識資料となっており、同じ特徴をもつ人骨は、佐賀県唐津《からつ》市呼子《よぶこ》町大友《おおとも》遺跡、熊本県天草下島《あまくさしもしま》の天草市五和《いつわ》町沖《おき》ノ原《はる》遺跡など、いずれも九州西海岸でみつかっています（石田二〇〇三）。

隼人に似る人びと

この弥生時代の「西北九州群」との関係で気になるのが、『肥前国風土記』（八世紀）の松浦郡値嘉郷《まつうらのこおりちかのさと》（現五島列島）の記事です。アワビ、サザエなどを捕るこの島の漁民は、顔かたちが隼人に似ており、その言葉は地元の人びとと異なっているというのです。

隼人は、古代の南九州で狩猟漁撈を中心に農耕も営んだ、王権から異民族的な集団とみなされていた人びとであるとのべましたが、弥生時代の薩摩《さつま》半島成川《なりかわ》遺跡の出土人骨は、縄文人的な特徴をもつことが指摘されています（石田二〇〇三）。古墳時代の南九州で出土する人骨についても、農耕がおこなわれていた宮崎《みやざき》平野をのぞけば、「西北九州群」と同じ縄文人的特徴をもつと指摘されています（竹中二〇一二）。

この縄文人的な特徴をもつ古墳時代の人骨群は「南九州山間部タイプ」とよばれ、宮崎

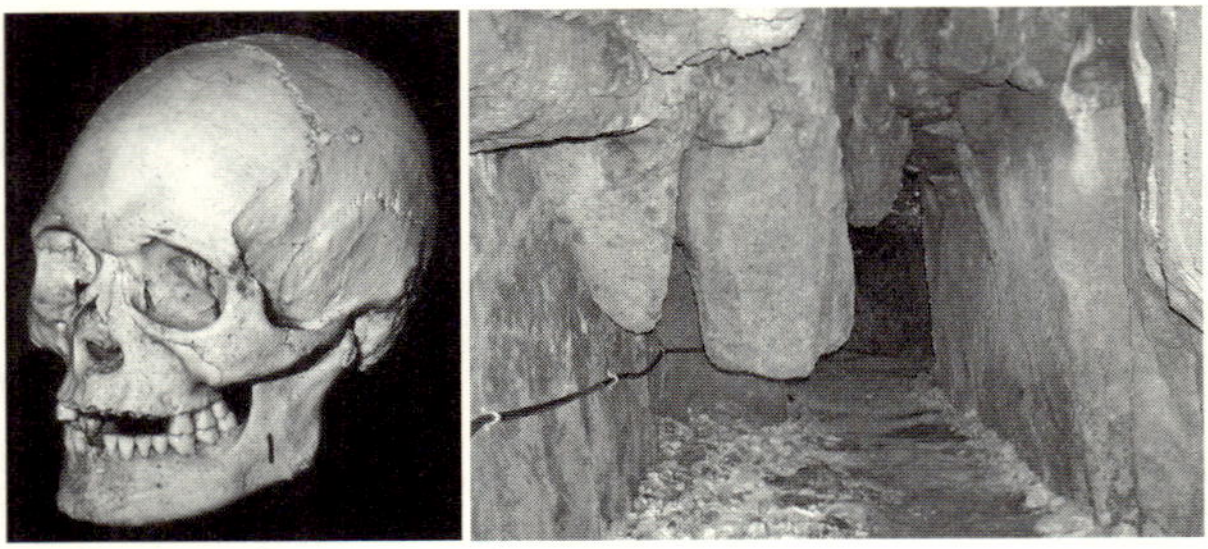

縄文人の特徴を残す平安時代の海民
山形県の離島、飛島（とびしま）の狄穴（てきあな）洞窟では、9〜10世紀の人骨20体分以上が出土し、このうち男性には縄文人と近縁な特徴がみられた。写真左は石田肇氏提供、右は酒田市提供。

県えびの市島内《しまうち》地下式横穴墓《よこあなぼ》群などで確認されています。

つまり、隼人は縄文人的形質を強くとどめる人びとだったのですから、値嘉島《ちかのしま》の漁民が隼人に似るというその意味は、かれらが八世紀になっても縄文人的な形質を色濃くとどめており、そのため周囲の人びとと明らかに外見が異なっている、ということだったと考えられるのです。

値嘉島の漁民のなかに縄文人の形質が残存した理由については、海民に共通する婚姻関係の閉鎖性がかかわっていたと考えられますが、これについては第四章でのべます。

この縄文人的形質の残存と関連して興味深いのは、『類聚三代格《るいじゅうさんだいきゃく》』承和《じょうわ》元年（八三四）四月二五日付太政官符《だいじょうかんぷ》です。そこには、飛驒《ひだ》の木工技術者の「言語容貌」が他国の人びとと異なる、と記されています。海民だけでなく、山間部の隼人がそうであったように、山中で非農業の生業に従事する人びとのなかには、縄文人的な形質が平安時代になっても濃密にみられたのかもしれません。

糸満漁民と縄文

縄文人の形質的な特徴は、日本列島のなかではアイヌと南島の人びとにより強く認められることが以前から指摘されてきました。それは近年の核ゲノムの解読によって、遺伝子レベルでも追認されています。本土人のなかに残る縄文人のDNA的特徴は十数パーセント程度であり、大半は渡来人の特徴に由来することが明らかになっています。

南島では、弥生時代の種子島《たねがしま》広田《ひろた》遺跡、同鳥《とり》の峯《みね》遺跡、椎《しい》ノ木《き》貝塚、奄美《あまみ》大島《おおしま》宇宿《うしゅく》貝塚、徳之島《とくのしま》面縄《おもなわ》貝塚などで出土する人骨は、縄文人的な特徴をとどめていることが指摘されてきました（石田二〇〇三）。

ただし近年の考古学の成果によれば、九〜一一世紀前半には喜界島《きかいじま》へ本土の集団が移住し、その後一一世紀後半〜一二世紀になると喜界島から琉球《りゅうきゅう》列島へ集団移住が進展したため、南島の人びとはこの本土人の影響を大きく受けたと指摘されています（安里二〇一三）。

また北海道についても、弥生時代以降は本土人との混淆が生じ、四～一三世紀にはサハリンから南下したオホーツク人とも混淆したことが考古学的に推定され、それは遺伝子研究からも支持されています。

アイヌや南島の人びとが縄文人の特徴を純粋にとどめてきたわけではありませんが、南島の場合、海民のなかに縄文人の形質的特徴がより強く残存してきた可能性があります。それは沖縄本島南端の糸満《いとまん》漁民です。

かれらは高度な漁撈の文化をもち、日本列島各地をはじめ、東南アジアなど外国にまで出漁や移住をおこなっていました。沖縄では漁民のことをイチマナー（糸満人）とよび、糸満出身者以外、もともと専業の漁民は存在しなかったともいわれます。実際、南島各地の漁撈は、もっぱら出漁・移住してきた糸満漁民によっておこなわれていました。

なぜ白人渡来説が唱えられたのか

奇妙なことにこの糸満漁民は、「殊《こと》に婦人は眼窩《がんか》、鼻梁《びりょう》、皮膚等、往々欧洲婦人に類似」する形質的な特徴をみせ、そのため「一見して他村民と区別」することができたとされています。この一見ヨーロッパ人的な特徴のため、第二次大戦前には糸満漁民の白人渡来説も唱えられました（仲松一九四四）。

ヨーロッパ人的といえば、アイヌもかつてヨーロッパ人から同類とみなされ、かれらによって白人説が唱えられました。では、日本列島南北端のアイヌと糸満漁民はなぜ、一見ヨーロッパ人的ともいえる特徴をみせていたのでしょうか。

近年の縄文人の核ゲノムの解読によれば、かれらはアフリカ、ヨーロッパ、東ユーラシア（中国・日本・ベトナムなど）の人びとのいずれにも属さない、孤立的な遺伝子的特徴をみせています。

そのため縄文人は、北東アジア人と東南アジア人の共通祖先が旧石器時代にユーラシア東端の日本列島で孤立し、独自の進化を遂げてきた、現生人類のなかでも古層の集団と考えられています（神澤二〇一五）。

この現生人類の古層という認識は、近年の遺伝子研究ではじめて指摘されたものではありません。縄文人の骨格が、どの現生人類とも異なる特徴をもつことから、形質人類学ではこれを「人種の孤島」と表現し、かれらがヨーロッパ人とアジア人に分かれる以前の古層の特徴をとどめているのではないか、と考えてきたのです。

つまり縄文人は、どの現生人類とも異なる孤立的な遺伝子的・形質的特徴をもつ人びとなのであり、したがって私たちのアジア人のイメージとはおよそ異なる、ユニークな外見的特徴をみせていた可能性も考えられるのです。一見ヨーロッパ人的というアイヌと糸満漁民の特徴は、この縄文人の外見的特徴と理解することができそうです。

縄文人の形質的特徴の濃厚な残存というこの事実は、糸満漁民の社会が、古代本土人の南島移住のなかで婚姻関係の閉鎖性を保ち続けた「閉じた系」であったことを示すものですが、海民がすべて縄文人の形質的特徴を強くとどめてきたのかといえば、そうではありません。

たとえば、千葉県房総《ぼうそう》半島の佐野《さの》洞窟で出土した弥生時代の人骨は、縄文人そのものの特徴をみせていますが、同じ房総半島の安房《あわ》神社洞窟や、神奈川県三浦半島の毘沙門《びしゃもん》洞窟、大浦山《おおうらやま》洞窟で出土した弥生時代の人骨は弥生人的であるとされています（石田二〇〇三）。ヒトの弥生化は、海民のなかでもまだら状に進展していったのです。

九州西海岸のアイヌ語地名

海民の縄文伝統としてもうひとつ考えてみたいのは、アイヌ語地名の残存という問題です。

九州の西海岸から南島にかけて、縄文人の形質的な特徴が残存した事実とかかわって、方言研究からも興味深い指摘があります。

九州西部の方言は、動詞の音韻現象からみて、長崎県五島列島、熊本県天草南部、鹿児島県薩摩半島のあいだに強い関係が認められ、そこには陸上を経由しない「海の道」をつうじた方言の形成が考えられる、というのです（有元二〇〇二）。

これは、九州西海岸の海民のあいだに海をつうじた強い一体性があり、その交流が方言の形成にも影響をおよぼしたことを意味しています。

糸島市周辺のアイヌ語地名
山田秀三の手書き地図（山田1982）。

そこで注目したいのは、この「海の道」と重なるように、九州西海岸にアイヌ語地名が色濃くみられる事実です。そのことを指摘しているのは、アイヌ語やアイヌ語地名の錚々《そうそう》たる研究者たちです。

アイヌ語地名研究者の山田《やまだ》秀三《ひでぞう》は、独善的なアイヌ語地名の解釈が横行するなか、方法論的な確立を目指し、禁欲的な研究態度を貫いたことで知られています。

山田は、現地踏査を重ね、東北北部にはアイヌ語地名が濃密に残ると指摘しました。その成果はよく知られていますが、実際には適否を判断する方法がないだけで、西日本の各地にもアイヌ語に似た地名はみられるのだ、とのべていました。

たとえば、北海道や東北北部で多くみられるｎａｉ（川）のつく地名は、関東平野では確認できないものの、四国の高知県や沖縄県にもあるとしています。

そのことと関連して、山田は現地をあるくなかでアイヌ語地名と考えた、唐津湾《からつ》に面した福岡県糸島《いとしま》市中南部の地名を紹介しています。

すなわち、同市の志登《しと》はｓｈｉｔｕ（山の走り根）、浦志《うらし》はｕｒａｉ－ｕｓｈ（梁《やな》が多い川）、波呂《はろ》はｐａｒまたはｃｈａｒ（河口）、伊都《いと》はｅｔｕ（岬の根もと）と解釈できるとし、それはアイヌ語地名として自然で、現地の地形とも整合的だというのです（山田一九八二）。

研究者からの批判を慮《おもんぱか》ってか、山田は短い文章のなかで「夢物語」「小説」「おとぎ話」「気が狂った」と何度も断り、周到に冗談めいたエピソードまで挿入しています。

しかし、そうまでしてもなお、山田がこの発見を紹介せずにいられなかったのは、「用語も語法も北海道アイヌ地名のままで、一つも無理はしてないつもりである」、「砂の中に、もし金があったら、見逃さずに拾いたい」という、自身の研究の蓄積に裏づけられた強い確信があったからであり、みずから発見したその事実に強い衝撃を受けたからにほかなりません。

山田にとって糸島のアイヌ語地名は、本州のアイヌ語「的」地名という砂のなかでみい

郵便はがき

料金受取人払郵便

小石川局承認

1736

差出有効期間
2018年9月30
日まで

112-8731

東京都文京区音羽二丁目
十二番二十一号

講談社
現代新書出版部　行

愛読者カード

あなたと出版部を結ぶ通信欄として活用していきたいと存じます。
ご記入のうえご投函くださいますようお願いいたします。

ご住所《フリガナ》　〒□□□-□□□□

お名前《フリガナ》　生年月日(西暦)

電話番号　性別　1 男性　2 女性

メールアドレス

★**現代新書**の解説目録を用意しております。ご希望の方に進呈いたします（送料無料）。

1 希望する　2 希望しない

★今後、講談社から各種ご案内やアンケートのお願いをお送りしてもよろしいでしょうか。ご承諾いただける方は、下の□の中に○をご記入ください。

□ **講談社からの案内を受け取ることを承諾します**

TY 000043-1608

この本の タイトル	

本書をどこでお知りになりましたか。

1 新聞広告で　2 雑誌広告で　3 書評で　4 実物を見て　5 人にすすめられて
6 新書目録で　7 車内広告で　8 ネット検索で　9 その他（　　　　　　　　）
＊お買い上げ書店名（　　　　　　　　　　　　　　　　　　　　　　）

これまでご購入いただいた現代新書は何冊になりますか。

（　　　　）冊

どんな分野の本をお読みになりたいか、お聞かせください。

本書、または現代新書についてのご意見、ご感想をお聞かせください。

最近お読みになっておもしろかった本（特に新書）をお教えください。

★下記ＵＲＬで、直接現代新書の新刊情報、話題の本などがご覧いただけます。
http://www.bookclub.kodansha.co.jp/books/gendai/

だした、本物の金の粒と映っていたのです。

アイヌ語は縄文語か

横浜国立大学で長く教鞭《きょうべん》を執ったアイヌ語学者の村崎恭子《むらさききょうこ》も、熊本県宇土《うと》市の親戚を訪ね、現地を何度もあるきまわるうち、有明海《ありあけかい》周辺にアイヌ語で解釈できる地名が濃密に分布することに気がつき、これを「発見」と題して報じています。

村崎は、それぞれの地形を確認したうえで、有明海の砂干潟《すなひがた》の地名である網田《おうだ》についてはアイヌ語のota（砂）に由来し、付近の小田良《おだら》はota－ra（砂丘の低地）、大田尾《おおたお》はota－o－i（砂の多いところ）、宇土はota－etu（砂・岬）と解釈できるとしました（村崎二〇一三）。

宇土の場合、宇土市宮庄《みやのしょう》町の字名である須崎《すざき》（砂・岬）に注目し、ここがかつてアイヌ語地名のota－etu（砂・岬）とよばれており、広域地名

宇土市網田の砂干潟

干潮時、5キロメートルにわたって広大な干潟があらわれる。写真は美しい砂紋で有名な御輿来（おこしき）海岸。宇土市提供。

の宇土の由来になったが、須崎の地名自体は和語による意訳ではなかったか、としています。

そして、「縄文時代のアイヌ語地名、オタ・エトゥ《砂・岬》が、日本列島の北の北海道と南の九州で長い年月を経て、和語地名『尾岱沼《おだいとう》』（北海道別海《べっかい》町の砂州地名：引用者註）と『宇土』に受け継がれてきた」とのべました。

この指摘を受けて、私も全国の小田・大田・太田が冠された海浜地名を調べてみましたが、岩手県宮古《みやこ》市に太田浜、宮城県気仙沼《けせんぬま》市大島と中山地内に小田（「こだ」とよぶが「おだ」とよんだとも）の浜、同石巻《いしのまき》市に小田浜、静岡県相良《さがら》町（現牧之原《まきのはら》市）に太田浜、滋賀県高島《たかしま》市に太田浜、同近江八幡《おうみはちまん》市に小田ヶ浜、三重県鳥羽《とば》市に小田浜、福岡県福岡市に小田浜、長崎県対馬《つしま》市に太田浜、大分県佐伯《さいき》市に小田ヶ浜、鹿児島県薩摩《さつま》川内《せんだい》市に太田の浜など、九州を中心に全国で同地名をみつけることができ、それらはいずれも地域で有数の海水浴場となっている砂浜でした。

村崎の報告は、「ご批判をも顧《かえり》みず」という前置きではじまりますが、そこからは抑えがたい興奮が伝わってくるようです。

それは、アイヌ語研究のなかで浮かびあがってきた、アイヌ語が縄文時代日本列島の言語だったとする村崎の見通しが、北海道から遠い九州にアイヌ語地名が濃密に分布するという事実によって、強い確信に変わったからにちがいありません。

隼人言葉のなかのアイヌ語

九州西海岸のアイヌ語地名について指摘した言語学の研究者は、この二人だけではありません。

『肥前国風土記』高来郡《たかき》（現長崎県島原《しまばら》半島周辺）の記事には、この土地の人びとは岸のことを「ヒジハ」（当時の発音ではピチパ）とよぶ、とあります。

そこでフランス社会科学高等研究院の言語学者ヴォヴィンは、これは古代や中世の日本語、さらに現代の日本語方言にもみられない奇妙な言葉であり、アイヌ語のｐｅｔｐａ（岸）に由来するのだろうとします。

さらにアイヌ語のｐｅｔｐａは、ｐｅｔ（川）とｐａ（縁）の合成語ですが、日本語のピチパは分析できない語であることから、古代日本語からアイヌ語に借用されたのではなく、アイヌ語から古代日本語に借用されたと考えるしかない、と指摘しています。

そのうえでヴォヴィンは、この事実はかつてアイヌ語が日本列島の全域で話されていたことを意味する、とのべています（ヴォヴィン二〇〇九）。

また『大隅国風土記《おおすみのくにふどき》』逸文《いつぶん》の必志里《ひしのさと》（現鹿児島県大隅半島）の記事は、隼人の俗語で海中の州のことを「ヒシ」（当時の発音ではピシ）とよぶとしていますが、アイヌ語研究者として著名な元北海道大学の知里真志保《ちりましほ》は、これがアイヌ語のｐｉｓｉ（浜）と関係するのではないか、と指摘しています（知里一九五六）。

知里はそれ以上のべていませんが、奄美や沖縄など南島の全域では、現在でもサンゴ礁《しょう》の干瀬《ひせ》、つまり海中の州のことをピシとよんでいます（谷川編一九九〇）。

九州西海岸から南島を中心に濃密に分布し、古代の島原半島や大隅半島でもちいられていたアイヌ語とみられる地名は、いずれも海辺に分布しており、多くは海浜地形の地名です。山田が糸島市で指摘したｐａｒ（河口）地名は、九州ではほかにも天草諸島に近い鹿児島県阿久根《あくね》市の山下川河口近くに「波留《はる》」があり、これも「海の道」のルート上に分布していることが注目されます。

つまりこれらの地名は、海民と深い関係をもつものであり、縄文性をとどめたかれらのネットワークのなかで残されてきたのではないか、とおもわれるのです。

2　海民の誕生

貝殻と縄文ネットワーク

弥生農耕文化は、九州北部の平野部で成立しました。そこに隣接していたにもかかわらず、なぜ九州西北部の海民は縄文人の形質をとどめ、弥生人に容易に同化しようとしなかったのでしょうか。

さらに、この九州西海岸から南島にいたる地域の人びとは、なぜ縄文的な習俗、形質、地名を共有する、いわば「縄文ネットワーク」を形成していたのでしょうか。

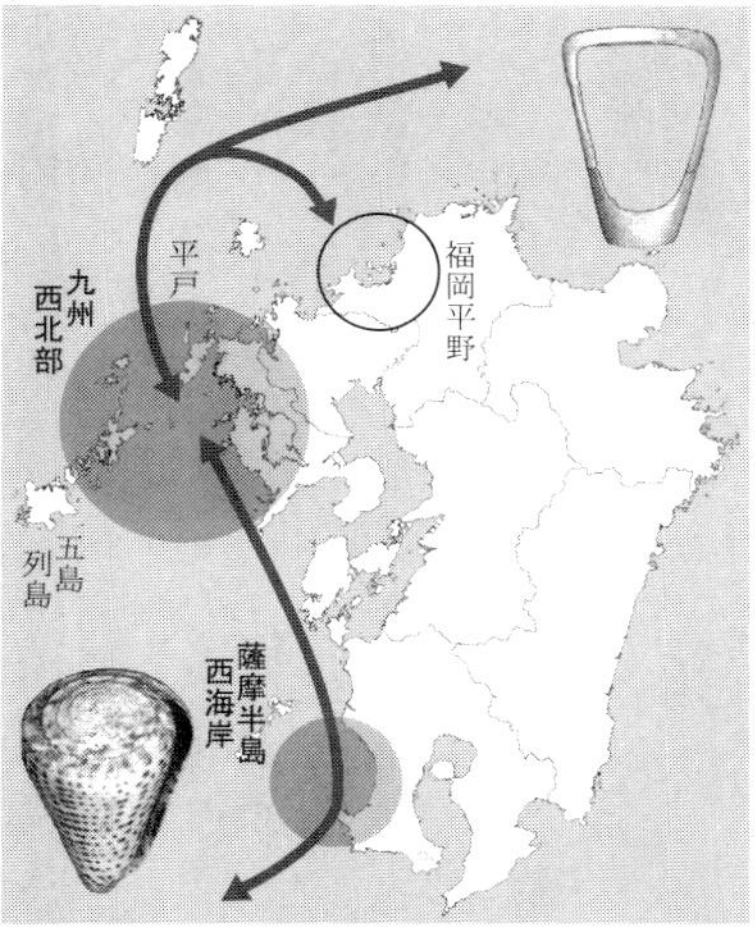

南島産貝製品の流通ルート

このことを考える手がかりは、南島産貝製品の流通の問題にとりくんできた木《きの》下尚子《したなおこ》の研究にあります。

九州北部に弥生農耕文化が成立すると、この地域の農耕民は奄美や沖縄諸島で産する貝殻を入手し、腕輪をつくるようになります。これは、当時の中国や朝鮮半島でもちいられていた玉や青銅の美しい腕輪にたいする羨望《せんぼう》によるものです。南島のサンゴ礁の海域に棲息するゴ

貝の道と海民の墓
弥生時代の石棺（箱式石棺）墓は、貝の道に沿って展開した、九州西海岸から南島の縄文性をとどめる海民の墓制とおもわれ、山陰地方の日本海沿岸にも分布する。大阪府立弥生文化博物館編（1994）。

ホウラ、イモガイなどの巻貝は、分厚く緻密な玉質の貝殻をもち、玉と同等の価値をもつ素材とみなされたのです。

南島産貝輪の「中心的消費者」は九州北部の農耕民ですが、この習俗は西日本一帯にも広まり、弥生時代をつうじて流行します。第二章でのべるように、南島産貝輪は北海道の弥生時代並行期の遺跡でも多く出土していますので、この間おびただしい数の貝殻が南島から日本列島の全域へ運ばれたとみられます。

そして、この大量の貝殻を南島からもたらしたのが、五島列島や平戸《ひらど》市など長崎県を中心とする九州西北部の海民です。

かれらは九州西海岸を伝って南九州へむかい、薩摩半島の西海岸を前線拠点としながら、島伝いにサンゴ礁の島嶼へ往来していました。その動向は、九州西北部の海民に特徴的な箱式石棺墓《せっかんぼ》や、貝の集積遺構の分布などから明らかになっています。木下はこれを「貝の道」とよびます（木下二〇〇〇）。

注目したいのは、この貝の道のルートが、縄文の形質、習俗、地名をとどめた縄文ネットワークにそのまま重なる事実です。九州西海岸から南島にかけて存在した縄文ネットワークは、弥生文化成立のころ、九州北部の農耕民との貝交易を契機に成立したとおもわれるのです。

縄文ネットワークが、貝交易をつうじて農耕民と補完的な関係を構築していくことを選択した、海民のネットワークであったとすれば、では、なぜそのことが縄文の残存とむすびついていたのでしょうか。

海民の誕生

弥生時代になると、日本列島の海辺の人びとは、サメ、マグロなど外洋での大型魚の漁や、アシカ、クジラ、ウミガメなど海獣類の猟、アワビの大量採捕といった、高度な漁猟や特定種の漁撈に特化するようになります。

弥生文化のなかで生じたこの変化は、実は縄文時代の生業の深化とむすびついていました。

縄文時代の日本列島では、クジラ猟や外洋での大型魚の漁といった高度な海洋文化が、三陸から仙台湾沿岸、福島県沿岸、長崎県から熊本県の有明海沿岸などに偏在していました。設楽博己は、弥生時代の海民の海獣狩猟や漁撈の文化は、これら各地の縄文文化の高度な漁猟法を選択的に受容したものである、としています（設楽二〇〇五）。

また、弥生時代になると各地の漁猟場の開発も一気に進みます。たとえば、石川県能登半島の五〇キロメートル沖にある舳倉《へぐら》島は、弥生時代中期初頭になってはじめて人びとが渡海しますが、その目的はアシカ猟であったとされています（小嶋一九九〇）。

第二章でのべるように、弥生時代をむかえると、北海道の人びとも東日本や西日本など各地の海民から新たな漁撈具や漁撈法を導入し、外洋での大型魚の漁や海獣狩猟を積極的におこなうようになります。

つまり海民とは、弥生文化という新たな時代状況のもとで、各地に偏在する高度な縄文伝統の漁猟文化を導入しながら、列島全体で専業的な海洋適応の暮らしを構築していった海辺の人びと、ということができるのです。

もちろん農耕民も漁撈はおこなっていました。しかしそれは海辺での網漁や、タコ壺をもちいたイイダコ漁、河川での竹などの細棒を編んで筒状にした漁具を使ってのウケ漁など、経験や技術を要さず、性別や年齢に関係なくおこなうことができる受け身的な漁です。そこには専業性もうかがえません。設楽は、このような受け身の漁法は、大阪湾岸や濃尾《のうび》平野など大陸的な文化要素が強い農耕集落に顕著にみられることから、農耕文化と一体で大陸から伝わったものと考えています。

この海民化は、漁撈だけでなく、弥生時代に活発化した広域的な海上交通もあげられます。設楽は、このような海上交通による列島全域の遠隔地交流も、弥生文化のひとつの特徴としていますが（設楽二〇〇三）、それを担ったのは、縄文時代に蓄積されてきた海の自然知を受け継ぐ海民だったのです。

考古学の研究者は、津軽《つがる》海峡を「しょっぱい川」とよびます。これは、縄文時代の北海道南部と対岸の青森のあいだに文化の共有がみられることから、津軽海峡が往来の支障ではなかったことを表現したものです。

しかし、実際の津軽海峡の渡海は容易なものではありませんでした。

青森県日本海側の十三湖《じゅうさんこ》から北海道へ往来していた海民からの聞きとりによれば、津軽海峡には日本海から太平洋へむかって東に流れる激しい潮流があります。夏土用《どよう》すぎのもっとも潮流の激しいときには、その速度は毎時七〜八海里《カイリ》（一海里は一八五二メートル）に達します。そのため、十三湖をでて沿岸伝いに津軽半島の突端へむかい、そこから津軽海峡を横断して北海道南端の松前町《まつまえ》へ渡るのは、和船では困難でした。しかし十三湖からはるか沖合へでて、そこで北へむかう大潮（対馬海流）に乗れば、一気に小樽市《おたる》に近い積丹町《しゃこたん》の神威岬《かむい》へ達する、というのです（滝川一九五八）。

津軽海峡の渡海には、季節や天候によって変化する海流の知識や、山岳によって洋上のみずからの位置を知る測量術（山ダテ）といった、地域のなかで培《つちか》われてきた複雑な自然知がもとめられていました。縄文時代の津軽海峡両岸の交流は、このような知に支えられていたのです。

弥生時代になると日本列島の全域におよぶ海上交通がさかんになりますが、それは縄文時代の沿岸各地で蓄積されてきた自然知と、その連携によってはじめて可能になったのであり、海民のネットワークが縄文性とむすびついていた理由はそこにもあったのです。

九州へむかう縄文人

この海辺の縄文人の専業的な海民化は、弥生文化の成立とほぼ同時に、日本列島の全域をまきこんで進行したようです。

そのことを物語るのは、九州北部で弥生文化が成立した弥生時代早期から前期に、東北地方の縄文人が九州へ進出していった事実です。

そのまえに、弥生時代と縄文時代の年代的・地域的な関係についてみておくことにしましょう。

弥生文化は、九州北部で紀元前一〇世紀後半に成立し、同八世紀末までを早期、同四世紀なかばまでを前期、紀元後一世紀前葉までを中期、同三世紀なかばまでを後期と区分しています。

近畿には前期の紀元前七世紀、中部・関東には中期の同三世紀、東北地方には一足はやく前期末の同四世紀前葉に水稲耕作の文化が拡大していきます。東北地方では、弥生時代前期末まで縄文時代が続いていたことになります。

さて、二〇一七年、沖縄本島の北谷町平安山原《ちゃたんはんざんばる》B遺跡で、東北地方の亀ヶ岡《かめおか》系土器（縄文時代晩期）の大洞《おおほら》A1式土器が出土して話題になりました。この大洞A1式は、九州北部では弥生時代早期末（紀元前九世紀）に並行する土器です。

亀ヶ岡系土器は、粘土を精選し、器壁が薄く、文様が流麗で、漆《うるし》を多用するなど、美術工芸品ともいえる土器ですが、実は九州ではこれまでも福岡県、大分県、熊本県、鹿児島県、奄美大島など各地で、弥生時代早期から前期に並行する亀ヶ岡系土器が出土していました。

弥生文化の成立期に、東北系の縄文土器が九州各地でみられるようになる事実は、大陸や南島から新たなヒト・モノ・文化が流入しはじめた九州へむかって、日本列島のなかで大きな動きが生じていたことを示しています。その動きをもたらしたのは、なによりも弥生文化の鉄とコメなど新たな時代の宝であったにちがいありません。

非モノカルチャーとしての縄文

海辺の縄文人の専業化は、高度な漁撈と広域的な海上交通への特化だけではありませんでした。

弥生時代前期には、瀬戸内海では製塩、北陸では碧玉《へきぎょく》製管玉《せいくだたま》の製作といった、手工業生産も海民によっておこなわれるようになります（後藤二〇一〇）。

海辺の縄文人の海民化は、貝交易がそうであったように交易と深くかかわっていましたが、それは同時に、交易に適合した多面的な生業へかれらをむかわせることになりました。そしてこの多面性こそ、農耕モノカルチャーとは異なる縄文的な生業モードということができるのです。

ところで、文化人類学者の伊藤亜人《いとうあびと》によれば、ほとんどすべての海民は農耕民との交易を基盤としており、農耕社会との密接な関係のなかで独自の文化や社会性を保ってきたといいます（伊藤一九八三）。

もちろん、農耕社会にとって海民は少数者にすぎません。しかし、交易という点では対等なプレイヤーである海民が、みずから従属的な存在に甘んじることはなかったはずです。弥生時代の海民と農耕民が、利害共同体として一体の関係にあったとすれば、農耕社会の各地への進出についても、海民のネットワークに依存し、かれらと連携しつつ展開することもあったとおもわれます。

その例と考えられるのが、青森県弘前《ひろさき》市の砂沢《すなざわ》遺跡です。

砂沢遺跡は、東日本のなかでもっともはやく、弥生時代前期末（紀元前四世紀）に灌漑《かんがい》施設をもつ水田が営まれました。砂沢遺跡では、土偶など縄文文化の遺物が引き続きみられることから、在地の縄文人が西日本の農耕民の影響下で稲作を受容したと考えられていますが、いずれにしても、この飛び地的なありかたは、農耕文化が海上交通によってもたらされたことを物語っています。

砂沢遺跡の縄文人が、水稲耕作というまったく新たな文化を受容するにあたっては、縄文性をとどめる西日本の海民という「仲介者」の存在が、きわめて重要な意味をもっていたにちがいありません。さらに、海民のなかには小規模な水稲耕作もおこなう集団がおり、かれらが入植して在地の縄文人とともに農耕民化していったケースも考えられそうです。

出雲方言と東北北部方言からみえること

このような海民の移動や移住とかかわって、興味深い研究があります。

日本列島各地の人びとの遺伝子分析をおこなった人類学者の斎藤成也《さいとうなるや》によれば、現代の島根県と東北地方の住民のあいだには、遺伝子的な共通性がみられるといいます（斎藤二〇一五）。斎藤はその理由について、いわゆるズーズー弁とされる出雲弁と東北弁の共通性などからも考えてみる必要がある、と指摘しています。

そこで注目したいのが、古代の東北地方にいたエミシの言語を、現代の東北北部方言から復元しようとした、言語学者の浅井亨《あさいとおる》の研究です。

浅井は、言語年代学で生活上もっとも基本的とされる語彙《ごい》（基礎語彙）約二〇〇のなかから「口」「舌」「頭」など二八語を選び、共通する語の数から日本列島各地の方言の関係を明らかにしようとしました。

クラスター分析によって示されたその関係をみると、東北北部方言はきわめて孤立的な方言であることがわかります。秋田県南部と仙台市付近を境とする東北南部方言との差も大きく、両者はかなり長期間にわたって別の文化圏ではなかったか、と指摘されています。

そのうえで浅井は、東北北部方言は日本列島で唯一、出雲方言と近縁であり、そこには海上交通による移住が考えられるとしています（浅井一九七九）。これはズーズー弁という発音上の類似を超えた、より深層での関係を示すものです。

言語学者の小泉保《こいずみたもつ》も、東北型の方言の特徴は、出雲のほかに石川県、富山県、新潟県など日本海沿岸に認められるとし、「かつて日本海沿岸は北の津軽から西の出雲に至るまで東北弁が話されていたのではないか」としています（小泉二〇一三）。

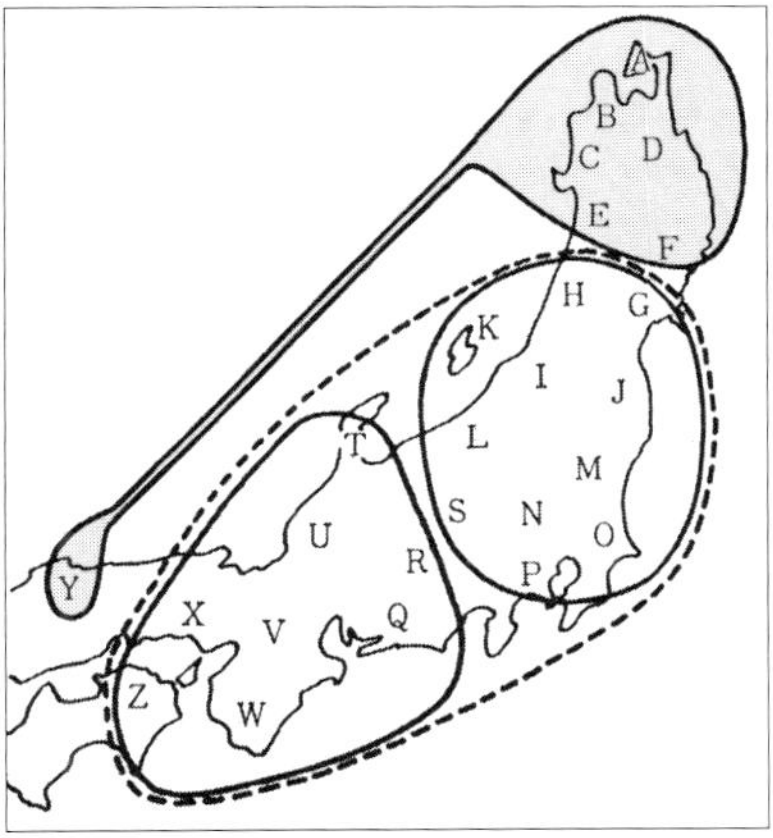

基礎語彙からみた各地方言の関係

東北北部方言と出雲方言は強い関係を示す。両地域はDNAの特徴も共通する。海民の移住を示すものか。浅井（1979）原図。

この出雲から東北に至る、沿岸部の方言の共通性については、言語学者の室山敏昭《むろやまとしあき》も指摘しています。室山は、各地の漁民社会の「波」に関連する語彙の地域性に注目し、そのうち「のた」は、出雲から山形県飽海《あくみ》郡にかけて日本海沿岸に分布しているとのべているのです（室山一九七八）。

考古学からみると、東北北部は弥生時代後期以降、人口希薄地帯となっていました。そこに古代日本語集団とみられる古墳社会の人びとが進出したのは五世紀後半です。古墳社会の東北北部進出は、長野県から群馬県、福島県中通りという内陸ルートで展開しましたが、方言からみるとこれとは別に、日本海ルートによる出雲方面からの移民が東北北部集団の形成に大きな影響をおよぼしていたことになります。

弥生時代以降の列島社会の形成に、海民の動向が深くかかわっていたことは、このような方言研究からもうかがうことができるのです。

第二章　海民とアイヌ
——日本列島の縄文ネットワーク

1　海民のインパクト

生態系からみた北海道

弥生時代に成立した専業的な海民は、農耕民と共存しながら縄文伝統を色濃く受け継ぐ人びとでした。ここではさらに、列島をゆきかったかれらが、北海道にも大きな変化をもたらしたことについてみていきたいとおもいます。

この海民との交流は、アイヌの歴史ではまったく注目されることのなかった側面です。しかし次章でのべるように、本州の海民神話とアイヌ神話のあいだに共通性がみられる理由を考えるためにも、本州の海民とアイヌの祖先集団の関係の実態、両者の交流について明らかにしておく必要があるのです。

ところで、北海道では弥生時代になっても農耕が受容されず、狩猟漁撈の生活が続きました。農耕適地をもたなかった海辺の人びとならいざしらず、広大な土地を占めていたアイヌの祖先集団が農耕を受容しなかったのはなぜなのでしょうか。

まずはそのことについて、北海道の生態系から考えてみたいとおもいます。

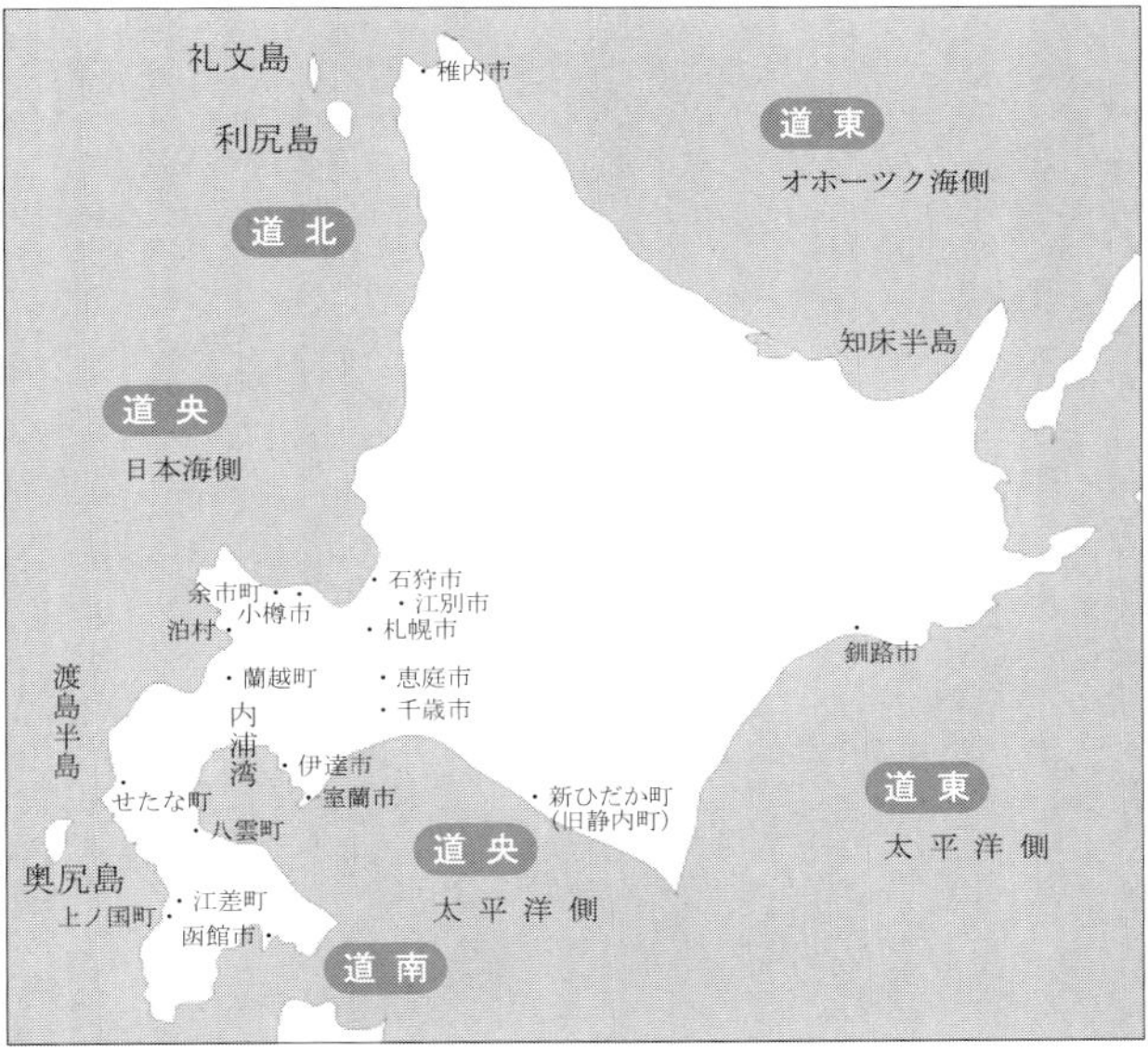

本章に登場するおもな地名

北海道は、本州とは異なる独自の生態系をみせています。ブラキストン線ということばを耳にされたことがあるかもしれませんが、これは津軽海峡に設定された動物分布の境界線のことです。

北海道の哺乳類と鳥類は、ヒグマ、エゾシカ、ナキウサギ、エゾライチョウなど、津軽海峡を境に本州と大きく異なっています。たとえば北海道の哺乳類四五種のうち、本州との共通種は二九種、六四パーセントにすぎません。さらに北海道固有の哺乳類一五種は、その多くが大陸やサハリンの哺乳類の近縁種や亜種とされています。

陸上の獣にとどまらず、トドや各種のアザラシといった海獣類の回遊も、北海道の周辺海域が南限となっています。さらに北海道では、春先にニシンが海辺に群集し、夏から秋にはサケやマスが川を黒く染めて遡上します。

北海道の動物生態系を象徴するキーワードは、寒冷地適応としての「大型化」や「おびただしい量」といえますが、そのことは、北海道が温帯の日本列島に張りだした北の生態系であり、日本列島における北東アジア的な世界であることを示しているのです。

「旧石器的生業体系」の社会

陸獣や海獣が豊富で、良質な毛皮をもつ中小型獣も多く棲息するため、縄文時代の北海道では、近世アイヌがそうであったように、肉食と毛皮利用が活発に展開したようです。

たとえば、古人骨のコラーゲンによる食生態の分析では、北海道縄文人は肉食主体であったことが明らかになっています。これは植物食を多くとり入れていた本州の縄文人と大きく異なる特徴であり、北海道の縄文人に虫歯が極端に少ない事実も、かれらの肉食主体の食生活を示すものです。

この分析をおこなった米田穣《よねだみのる》は、肉食主体の北海道縄文人は、氷河期にマンモス、ナウマンゾウ、オオツノジカなど大型獣の食生態に特化していた、旧石器人の伝統を色濃く受け継いでいたのではないか、とのべています（米田二〇一二）。これはたいへん興味深い指摘です。

縄文時代の日本列島は、気候が温暖化し、氷河期であった旧石器時代から植物相や動物相が大きく変化します。この温暖化によって世界的には農耕文化が成立し、旧石器文化から新石器文化へ移行しました。しかし日本列島の場合、農耕ではなくクリやドングリなどの植物食を主体とした、いわば亜種としての新石器文化が展開します。

そのなかで肉食を主体としていた北海道縄文人は、食生態からみればたしかに、新石器的というより旧石器的ということができるかもしれません。

そこで、北海道縄文人の社会を「旧石器的生業体系」とよんでみることにします。

「あわい」に生きる

弥生時代を迎えた本州は、熱帯に起源をもつ水稲耕作という「南の生態系」の文化に塗り替えられていきます。本州の縄文人はもともと植物食への依存が大きかったため、植物の採集から栽培への移行に強い違和感はなかったのかもしれません。

しかし北海道の縄文人は、陸海獣や魚類が豊富な「北の生態系」のなかで、「旧石器的

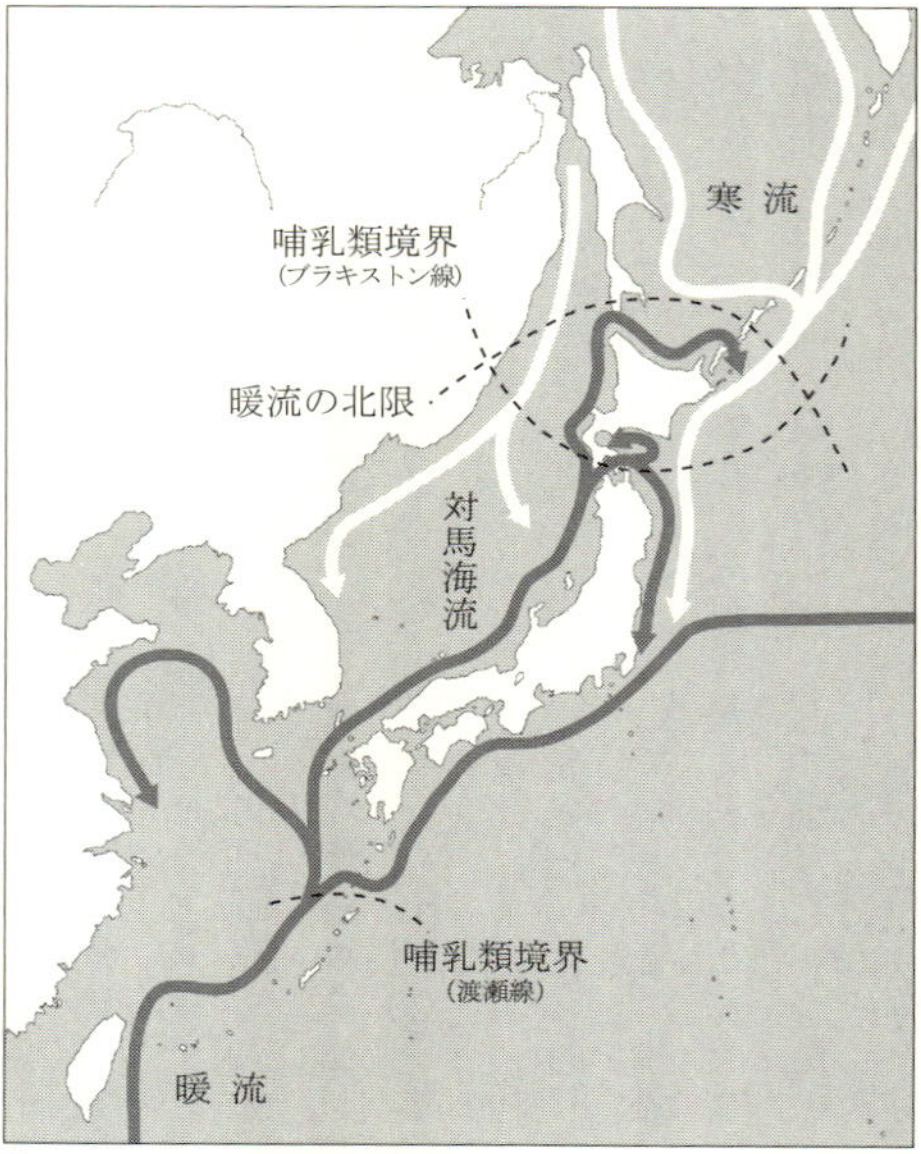

「あわい」としての北海道
北海道は、北の生態系（植生・哺乳類）と南の生態系（海流）のあわいにあり、その中間性が北海道の人びとの歴史を基層から規定することになった。

生業体系」を持続していきます。

　それは、「南の生態系」の人びとがもたらす鉄器、コメ、南島産貝輪などを入手するため、「北の生態系」が生みだす陸獣や海獣の毛皮が、大きな意味をもつことになったからです。

　北海道縄文人は、伝統的な「旧石器的生業体系」を持続しながら、そのことによって異文化の産物を入手することが可能だったのであり、もともと植物食への依存が大きくなかったこともあって、農耕を積極的に導入する意味はなかったのです。

　その後の北海道の人びとは、基本的に日本の物流や経済圏のなかで生きていくことにな

 りますが、これについては海の生態系という「南の生態系」が深くかかわっていました。北海道は、道東の太平洋沿岸をのぞいて、東シナ海から日本海を北上する対馬海流にとりかこまれています。海流、つまり海上交通からみた北海道は本来、南の生態系に深くくみこまれた世界なのです。

このことは、北東アジア的な世界である北海道がなぜ縄文文化圏に属し、北海道と同じ生態系をもつサハリン南部がなぜ縄文文化圏に属さなかったのか、という疑問を説明するものでもあります。

幅約四〇キロメートルの宗谷《そうや》海峡で北海道と隔てられたサハリンは、稚内《わっかない》市からその島影をはっきりみることができます。サハリンと北海道は、両生類、爬虫類、蝶類の一部にちがいがみられるとされ、宗谷海峡には八田《はった》線という生態境界線が提唱されています。しかし、この八田線は見直しや訂正も加えられてきており、少なくともサハリン南部と北海道のあいだに植物相や動物相の大きなちがいはありません。

しかし、縄文時代にはサハリンと北海道の交流はほとんどなく、そのためサハリンが縄文文化にふくまれることも、北海道がサハリンの文化にふくまれることもありませんでした。このことは、海流という海の生態系・交通体系を考慮しなければ、容易に理解しがたい事実なのです。

北海道は、北の生態系と南の生態系が重なりあった日本列島の「あわい」の世界です。北海道の人びとが、本州の人びととは異なる道をあゆみながら、同時に本州の人びとと濃密な関係を保ってきた理由は、「あわい」という北海道の生態系の特性に由来するものだった、と私は考えています。

続縄文人の劇的な変化

弥生時代と古墳時代の北海道は、引き続き縄目文様の土器がつくられることから、続縄《ぞくじょう》文《もん》時代とよばれています。さらにこの続縄文時代は、弥生時代並行期を前期（紀元前四世紀〜紀元後三世紀）、古墳時代並行期を後期（四〜七世紀）とよんでいます。

この弥生時代にあたる続縄文時代前期の北海道は、農耕を受け入れなかったため、縄文時代の社会がそのまま続いていたとされてきました。しかし、続縄文人（続縄文時代のアイヌの祖先）の社会には劇的な変化が生じていた、と私は考えています。

弥生時代前期末になると、東日本のなかでもっともはやく青森県の弘前市砂沢遺跡で水田が営まれます。これは西日本の弥生文化が、日本海経由でダイレクトに本州北端へおよんだことを示していますが、それと並行して、北海道では大型魚の漁や海獣猟への特化が生じます。

たとえば、道南から道東の太平洋沿岸の遺跡では、ヒラメやカレイの骨が大量に出土するようになります。

縄文文化の遺跡の場合、ヒラメの骨が出土する割合は、全魚骨中高くて一五パーセント、多くの場合一パーセント程度です。しかし、続縄文時代前期の函館《はこだて》市恵山《えさん》貝塚では六〇パーセント以上、釧路《くしろ》市幣舞《ぬさまい》遺跡では五五パーセントを占めます。さらにヒラメでは大型の体長七〇〜八〇センチメートル台がもっとも多く、一メートルほどの超大型個体もみられます。

この単一種への特化と大型個体への強い執着は、縄文時代にはまったく認められない現象です（高瀬二〇一四）。水深一〇〇メートル以上の深い海底に棲息する、それも大型のヒラメだけを選択的に捕るには、特殊な漁具や漁法がもとめられます。事実、道南ではこの時期、釣針が大型化するとともに、大型魚の漁に使用された多様な銛先《もりさき》が一斉に出現します（福井二〇一〇）。

さらにこの時期には、魚形《ぎょけい》石器という鰹節のような形

魚形石器

上磯町（現北斗市）茂別（もべつ）遺跡。続縄文時代前期。北海道埋蔵文化財センター編（2004）。

をした石器も出現しますが、これは釣針の軸、おもり、疑似餌《ぎじえ》の三つの役割をあわせもつ、画期的な漁具であったと評価されています（高瀬一九九九）。

なぜ命がけの漁なのか

一方、道東太平洋側の遺跡では、ヒラメにくわえてメカジキの骨も多く出土するようになります。剣のように突きだした長い吻《ふん》をもつメカジキは、最大で体長四メートル以上にもなる巨大魚です。

近世アイヌもメカジキ漁をおこなっていました。ただし、毎日出漁しても獲物があるわけでなく、一年に四〜五本も捕れれば大漁であることから、本業としておこなう者などいない、勇壮な一種の冒険と認識されていました。さらにメカジキ漁は危険をともない、経験を要するため、小さいころから子どもに漁法を仕こみましたが、それでも一人前になるまで漁に連れていきませんでした（白老《しらおい》アイヌ）。

このメカジキ漁は、岸から一二〜一六キロメートルも沖合でおこなうとされ（静内《しずない》アイヌ）、水深二〇〇メートル以内の沿岸にメカジキは近づかないとされるように（白老アイヌ）、基本的に外洋でおこなわれる漁でした。これは大型のヒラメ漁についても同じです。

そこで近世アイヌは、山をみながら海上の位置をはかる「山ダテ」を駆使して沖へむかいました。たとえば静内アイヌのメカジキ漁の場合はアポイ岳や厚賀《あつが》山、また白老アイヌの場合は窟太郎《くったら》山や白老岳のみえかたで船の位置をはかりながら、慎重に外洋へでていました。

続縄文時代前期になって、突然おこなわれるようになった大型魚の漁、つまり海上を高速で移動し、あるいは深い海底に棲む大型魚の漁は、そのための特殊な漁具だけでなく、外洋での航海術がもとめられるものだったのです。

しかし、大型のヒラメ漁やメカジキ漁への特化は、毎日出漁しても獲物が期待できるわけでなく、食料確保という点では理解を超えた現象です。続縄文時代を迎えた人びとは、食料生産の役割が期待できず、外洋への往復に大きな時間をとられ、命の危険もある漁に、なぜ特化することになったのでしょうか。

木製品のメカジキ線刻
千歳市美々（びび）8遺跡。近世。北海道埋蔵文化財センター編（1996）。

量から質へ

高瀬《たかせ》克範《かつのり》は、続縄文時代前期の大型魚の漁は、獲物の「量」ではなく「質」に高い価値をおくものであった、と指摘しています（高瀬二〇一四）。では、なぜ「質」が追求されることになったのでしょうか。

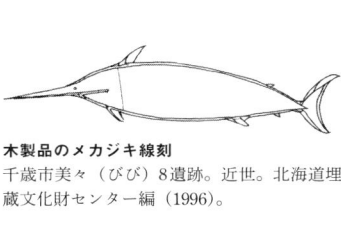

そこには「威信」という社会的な問題がかかわっていました。

続縄文時代になると、大型魚の漁への特化と同時に、ヒグマの意匠をもつ骨角器や土器が一斉にあらわれます。「ヒグマが多く棲む北海道のことだから、縄文時代にだってヒグマをモティーフにした土製品や骨角器は当然あっただろう」とおもわれるかもしれませんが、実はほとんどありません。

なぜ、突然ヒグマがクローズアップされることになったのでしょうか。

続縄文時代前期には、山陰や北陸で生産された管玉《くだたま》や、九州北部を経由する南島産の貝製品（イモガイ、タカラガイ、ゴホウラなど）、鉄器が北海道へもたらされます。とくに管玉や鉄器は、東北北部などより北海道のほうが圧倒的に多く出土しています。このような弥生文化の貴重な宝を入手するには、当然それに応じた対価がもとめられます。それは、北海道に豊富な陸獣や海獣の毛皮以外考えられません。

毛皮の文化を失いつつある現代の私たちにはイメージしにくいことですが、毛皮にたいする欲望は、金《きん》にたいする欲望と同じく、人間の歴史そのものを動かしてきたといわれます。とくにヒグマは日本列島最大の陸獣であり、猟には大きな危険をともなうことから、その毛皮には毛質を超えた大きな価値が認められていました。

第四章でのべますが、近世の北海道では、ヒグマが本州むけの商品を代表する象徴的な意味をもっており、そのためクマ祭りがアイヌ社会最大の祭りとなっていたのです。

威信の可視化

では、この商品としてのヒグマは、威信の問題とどのようにかかわっていたのでしょうか。

続縄文時代の社会に生じた大きな変化は、大型魚の漁への特化だけでなく、墓制にも認められます。それは、私が「多副葬墓《たふくそうぼ》」とよぶ大量の副葬品をもつ墓の出現です。

この多副葬墓は、ごく一部の墓にみられるもので、たとえば白老町アヨロ遺跡では四六基の墓のうち一基、江別《えべつ》市元江別《もとえべつ》1遺跡では四〇基中三基、せたな町南川《みなみかわ》遺跡では五四基中二基にすぎません。したがって、これは首長の墓であったとおもわれますが、鉄器、管玉、貝輪という弥生文化の製品は、この首長墓である多副葬墓に副葬されているのです。弥生文化の宝は、首長など上位の階層の人びとの威信をあらわすものとなっていたようです。

もちろん縄文時代においても、威信や名誉が大きな社会的意味をもっていたのはまちがいありません。そもそも人類の歴史を突き動かしてきたのは、この威信や名誉への絶えざる欲望、すなわち他人より優れた自分でありたいという生物的な欲望だったのではないか、と私にはおもわれます。

しかし、墓の副葬品からみるかぎり、縄文時代にはそれがモノによって象徴されることはありませんでした。弥生文化がもたらす宝は、人びとの威信を目にみえるもの、可視化するものになったのです。

近世のアイヌ社会では、本州の漆器《しっき》や武器武具、大陸の錦《にしき》やガラス玉という「異文化」の製品が霊力をもつ宝とされていました。この宝を多くもつことは強い霊力を帯びることであり、威信と名誉をもつことにほかなりませんでした。そのため首長は、この「宝もち」のなかから選ばれていたのです。宝は屋内に美しく飾りつけられ、威信と名誉を可視化するものとなっていました。

この「宝もち」の出現、つまりモノによる威信と名誉のあからさまなアピールは、弥生文化という異文化がもたらしたものだったのです。

異文化という「外部」からもたらされるモノは、アイヌの贈与の慣習とは異なる文脈のなかにある「商品」です。つまりそれは、贈る者のおもいがこもらず、集団との関係から断ち切られたモノであり、それゆえ個人が所有することのできるモノです。

モノによる威信と名誉の可視化は、この「外部」の成立と「商品」の流通を前提とするものだったのであり、狩猟漁撈という点では縄文時代から変わらないようにみえるものの、続縄文時代の社会はその根底で劇的な変貌を遂げていたのです。

そして、この歯止めを失った威信の競合のなかで展開したのが、危険な大型魚の漁であり、ヒグマという凶暴な大型獣の猟だったと考えられるのです。実際、危険で非生産的な近世アイヌのメカジキ漁は、漁撈者の名誉と威信に深くむすびついていました。さらにヒグマ猟の場合、それは威信の象徴であるにとどまらず、弥生の宝を手に入れる商品の生産の意味をもつものだったのです。

列島を往来する海民

続縄文時代前期にあらわれた、特別な技術や道具がもとめられる大型魚の漁は、本州の弥生時代の海民のあいだでも活発におこなわれていました。

たとえば弥生時代の三浦半島では、回転式銛頭《もりがしら》をもちいたサメ漁や、カツオなど外洋の回遊魚に特化した漁撈が展開していました（樋泉一九九九）。

これは第一章でのべたように、農耕民との分業としてあらわれた海民の専業化を示すものですが、北海道で生じた大型魚への特化にも、この本州海民の直接的な影響のあったことが明らかになってきています。

続縄文時代になると、道南では魚鈎《ぎょこう》状製品とよばれる「く」の字形の骨角器が出土するようになります。この魚鈎状製品は、これまで太平洋側の函館市恵山貝塚、伊達《だて》市有珠《うす》モシリ遺跡、同南有珠《みなみうす》6遺跡、室蘭《むろらん》市小橋内《おはしない》遺跡、日本海側のせたな町貝取澗《かいとりま》2遺跡などで出土していますが、福井淳一《ふくいじゅんいち》は、これが捕獲した大型魚を船に引きあげるための鈎《かぎ》の部品と考えています（福井二〇〇六）。

注目されるのは、これと同じものが三陸沿岸から仙台湾周辺の、縄文時代晩期の遺跡から出土している事実です。

続縄文時代の道南と、.縄文時代晩期の三陸─仙台湾の、漁具をめぐる関係はこれだけにとどまりません。両地域では、銛先（燕尾《えんび》形銛頭）や釣針（チモト内傾《ないけい》釣針）などにも共通性がみられるのです。

そこで福井は、マグロやメカジキなど大型魚の漁をおこなっていた縄文時代晩期の三陸─仙台湾の集団が、その後、北上あるいは移住するなかで道南の続縄文人と交流し、かれらに高度な漁撈文化をもたらすことになった、と考えています。

第一章でのべたように、弥生時代に高度で専業的な漁撈文化をみせるようになった日本列島の海民は、縄文時代に地域的に偏在していた、この三陸─仙台湾周辺など各地の高度な漁撈・海獣狩猟の文化を選択的に導入しました。これとまったく同じ状況が、弥生時代をむかえた北海道でも生じていたのです。

そこには、福井が指摘するように、本州の海民の移住や直接的な交流があったにちがいありません。実際、宮本常一《みやもとつねいち》は、新しい漁撈文化は技術や道具の伝播《でんぱ》だけでは拡大せず、その文化をもつ漁民の移住や直接的な交流によってはじめて広まるのだ、と指摘しています（宮本二〇〇七）。

この魚鈎状製品は、北海道と東日本太平洋側だけでなく、鳥取県青谷上寺地《あおやかみじち》遺跡、福井県観音《かんのん》洞窟、富山県大境《おおざかい》洞窟、新潟県浜端《はまばた》洞穴など、弥生時代中期から古墳時代はじめの山陰や北陸の遺跡でも出土しています。そこで福井は、北海道の魚鈎状製品は西日本の日本海沿岸地域との交流も示すものとしています。

西日本の日本海側との関係ということでは、ほかにも続縄文時代に道南で出現した茎槽《けいそう》式多鐖《しきたき》銛頭とよばれる銛先が韓国南部、長崎県壱岐《いき》、山陰などの銛先に関係するものと指摘されています（小林二〇〇九）。

さらに、続縄文時代前期の有珠モシリ遺跡の墓から出土した南島産貝輪は、その装着方法が、長崎県宮《みや》の本《もと》遺跡から出土した弥生時代前期終わりころの、九州西北部の「海民の貝輪」と共通することが注目されてきました。

海民のインパクト

弥生時代の北海道と本州海民の関係を物語る資料は、これだけではありません。北海道最北端の日本海側の礼文島《れぶん》では、弥生時代前期末（続縄文時代初頭）にこの島へやってきた、九州北部の海民の足跡が確認されています。

礼文島の浜中《はまなか》2遺跡では、食用にされた弥生犬、クジラの骨製のアワビオコシ（アワビを岩から剝がすヘラ）、ヤス（小型の銛）が出土しました。この三つは、壱岐など九州北部の弥生時代遺跡に特徴的な「三点セット」とされるものです。

さらに、浜中2遺跡では大量のアワビの殻が出土しています。アワビだけが大量に出土する状況は、縄文時代の遺跡にはみられません。アワビ漁への特化は、弥生時代になって本州でみられるようになった現象です。

そこで西本豊弘《にしもととよひろ》は、弥生時代の九州北部の海民が北海道の北端まで往来し、夏のあいだ素潜りのアワビ漁をおこなっていたのだろう、とのべました（西本一九九九）。

興味深いのは、この九州北部の海民の礼文島進出が、弘前市砂沢遺跡に水稲耕作がもたらされたのと、ほぼ同時である事実です。

東日本のなかでいち早く水稲耕作が普及したのが本州北端の青森県であったのは、考えてみればかなり奇妙なことです。おそらくそこには、アワビ漁や交易のため北海道まで往来していた、九州北部の海民の動向がかかわっていたにちがいありません。

本州海民との関係を物語る資料はまだあります。それは、日本海側の余《よ》市《いち》町フゴッペ洞窟と、せたな町貝取澗2遺跡で出土している占い具の卜骨《ぼっこつ》です。

卜骨は、本州では海蝕洞窟を中心に出土し、海民の習俗とされているものです。フゴッペ洞窟と貝取澗2遺跡も、同じく海蝕洞窟であることが注目されます。

卜骨については第四章でものべますが、弥生時代の出土遺跡は関東―北陸が北限であり、北海道の卜骨はこの分布を大きく越えるものです。

せたな町貝取澗2遺跡
渡島（おしま）半島の日本海沿岸にある続縄文時代前期の洞窟遺跡。卜骨や魚鈎状製品といった本州の海民の影響をうかがわせる遺物が出土した。北海道開拓記念館編（2002）。

卜骨はもともと、中国の卜骨習俗が朝鮮半島の海民世界で受容され、これが日本列島へ伝わったものです。序章でのべたように、日本列島の海民は朝鮮半島の海民と深く交流しており、朝鮮半島の文化もとりこんでいたのです。

卜骨は北東アジアの畑作農耕民の

あいだでもおこなわれており、そのため北海道で出土している卜骨は、北回りで伝播したのではないか、と考える研究者もいます。しかし、中国、朝鮮半島、日本列島の卜骨はおもにシカの肩甲骨を使用しますが、古代の北東アジアではヒツジやブタの肩甲骨をもちいます（大貫二〇〇九）。北海道の卜骨はシカですから、本州からの伝播とみてよいでしょう。

続縄文時代前期の社会は、肉食と毛皮利用という点では、縄文時代と同じ「旧石器的生業体系」の社会でした。しかし、その内容は縄文時代とは大きく異なっており、本州の海民との交流をつうじて、弥生農耕社会と共存する「旧石器的生業体系」へと大きく変化していたのです。

2　交差する北の海民・南の海民

古墳社会との交流

日本列島をゆきかう弥生時代の本州海民と北海道の人びととの交流についてみてきました。

これまで注目されることはありませんでしたが、この濃密な関係は続縄文時代後期（古墳時代）になってもかわらず存在していた、と私は考えています。

そこには、続縄文人とは大きく異なる文化や形質的特徴をもつ、北方世界の海民であるオホーツク人も介入してくることになります。

本節では、続縄文人、本州の海民、オホーツク人の三者が交差した、古代北海道の状況を読み解いてみたいとおもいます。

まず、古墳時代の時期区分について簡単に説明しておくことにします。

古墳時代は、三世紀中頃から七世紀まで続きました。弥生時代と奈良時代のあいだにあって、日本列島が政治的に大きなまとまりを形成していった激動の時代です。この古墳時代は前期・中期・後期・終末期に分けられています。

三世紀中頃、近畿地方から瀬戸内海沿岸に前方後円墳がつくられるようになります（前期）。五世紀になると、鹿児島県から岩手県まで各地に前方後円墳がつくられ、また墳丘の大きさが四〇〇メートルを越す巨大な前方後円墳も登場します（中期）。六世紀になると、巨大な前方後円墳はつくられなくなり、その後半には群集墳とよばれる小型の古墳がまとまって築かれるようになります（後期）。七世紀になると、前方後円墳はみられなくなり、七一〇年の平城京《へいじょうきょう》遷都までに古墳は姿を消します（終末期）。

交流を担ったのはだれか

北海道では、古墳時代終末期の七世紀ころ、刀など大量の鉄製品が続縄文人の墓から出土するようになります。それは本州との交流の画期ということができますが、古墳社会で生産された須恵器《すえき》からみると、それ以前にも古墳社会との交流の画期があったことがわかります。

これまで北海道で出土した古墳時代の須恵器は、ほとんどが中期の五世紀後半の資料です。その時期の資料は、石狩《いしかり》低地帯の恵庭《えにわ》市茂漁《もいざり》8遺跡、同柏木川《かしわぎがわ》B遺跡、同カリンバ4遺跡、江別市大麻《おおあさ》3遺跡のほか、日高《ひだか》の平取《びらとり》町パンケヌツチミフ遺跡、函館市に近い七飯《ななえ》町上藤城《かみふじしろ》3遺跡など、北海道西半の各地で出土しています。

これらは、最北の前方後円墳である岩手県奥州《おうしゅう》市の角塚《つのづか》古墳がつくられたのと同時期であり、全国的な古墳社会の拡大と東北北部への進出を契機として、須恵器など本州製品が北海道まで流通したことがわかります（瀬川二〇一二）。

さらに、古墳時代の祭祀にもちいられた石製模造品の刀子《とうす》が、日本海側の石狩市紅葉山《もみじやま》51遺跡と同浜益《はまます》区床丹《とこたん》で採集されています（野村一九九三）。床丹の例は、江戸時代の探検家の松浦武四郎《まつうらたけしろう》が、一八五七年の増毛《ましけ》山道の開削工事中に出土した資料を図入りで紹介したものです。

石製模造品の刀子は、いずれも五世紀中葉ころの資料です。古墳社会と北海道の交流は、古墳時代終末期の七世紀だけでなく、やはり古墳時代中期の五世紀後半にも活発な状況をみせていたようです。

では、このような北海道との交流を担ったのは、一体どのような人びとだったのでしょうか。

礼文島でみつかった刀装具

一九四九年、礼文島の上泊《うえどまり》遺跡で試掘調査がおこなわれた際、シカの角でできた大きさ

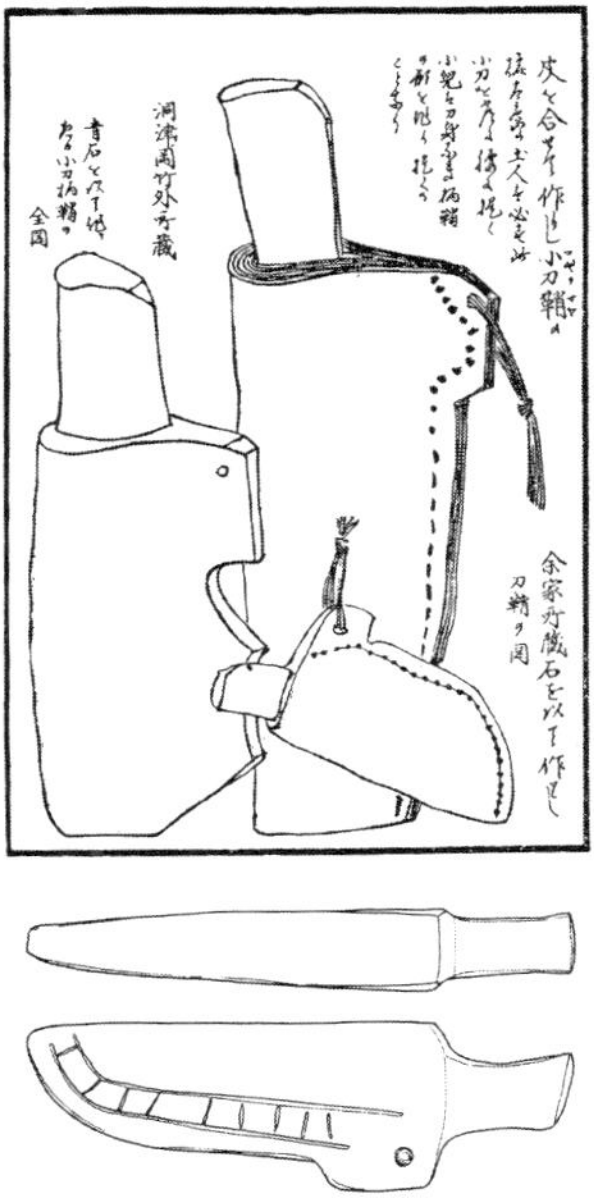

北海道で出土した石製刀子
古墳時代の祭祀具である石製刀子は石狩市で2点出土している。上段は1857年に探検家の松浦武四郎がスケッチした床丹出土の刀子（左）。『西蝦夷日誌』。下段は紅葉山51遺跡出土の刀子。長さ7.3センチメートル。野村（1993）原図。

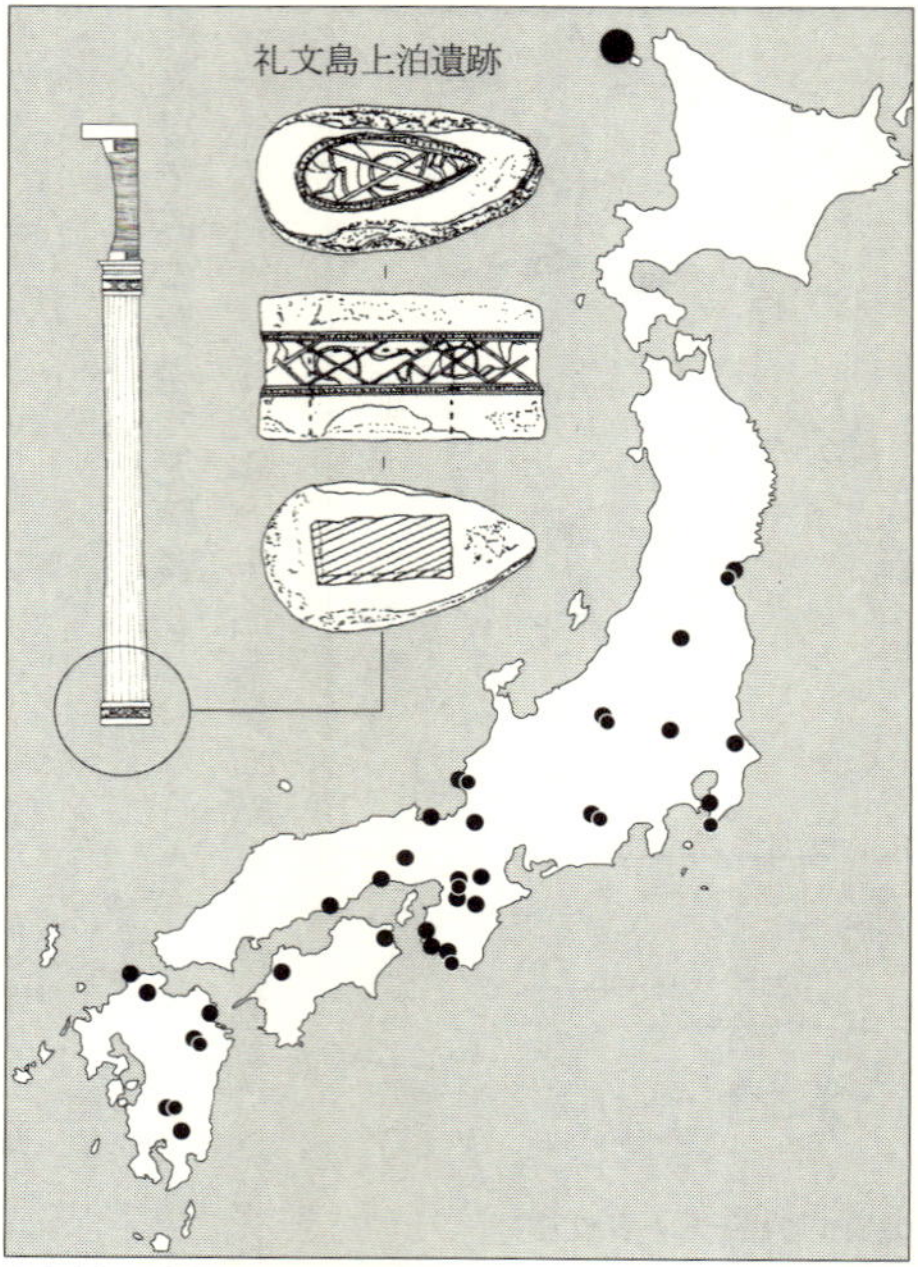

鹿角製刀剣装具の出土遺跡
上泊遺跡出土資料の図は千代（2000）、遺跡は山田（2016）から作図。

七センチほどの刀の装飾部品（鹿角《ろっかく》製刀剣装具）が出土しました。

その表面には、直線と円弧をくみあわせた直弧文《ちょっこもん》という古墳文化独自の、呪術性の強い文様が浮き彫りにされていました。鹿角製の装具だけが、単独で本州から渡ってきたとは考えられません。この装具で飾られた刀が礼文島へ渡ったとみられます。

この鹿角製刀剣装具は、古墳時代中期の五世紀代に西日本を中心にみられます。上泊遺跡の資料も五世紀中葉とされており、先にみた流通の画期と符合します。

装具の分布は、太平洋側では宮城県、日本海側では福井県が北限であり、これは古墳社会の北の境界とほぼ重なっています。上泊遺跡の装具は、この古墳社会の境界を大きく越えて出土した日本列島最北の資料なのです。

上泊遺跡では、続縄文時代前期（弥生時代）、後期（古墳時代）、オホーツク文化、擦文《さつもん》文化の層が確認されています。鹿角装具が出土した層は不明ですが、装具の年代からすると、この刀が渡来したのはオホーツク文化の時期であり、刀を入手したのは当時礼文島を占拠していたオホーツク人とおもわれます。このオホーツク文化やオホーツク人については、あとでのべることにします。

では、オホーツク人は、本州のどのような人びとからこの刀を入手したのでしょうか。

海民の刀

そこで注目したいのは、鹿角製刀剣装具は本州の海民によって製作され、使用されたものである、と山田俊輔《やまだしゅんすけ》が指摘していることです（山田二〇一六）。

製作途中の鹿角製刀剣装具を出土していることから、その生産遺跡と考えられているのは、福井県浜禰《はまね》遺跡、大阪府小島東《こじまひがし》遺跡、同部屋北《しとみやきた》遺跡などです。これらの遺跡では、魚貝類や製塩土器など海民の生業を示す遺物が出土しています。さらに鹿角製刀剣装具は、和歌山県磯間岩陰《いそまいわかげ》遺跡や千葉県大寺山《おおてらやま》洞窟など海辺の海蝕洞窟遺跡の、墓の副葬品としても出土しています。

鹿角製刀剣装具は、海民以外の墓でも出土していますが、その被葬者は二種類に分けることができます。

ひとつは、岡山県天狗山《てんぐやま》古墳や福岡県セスドノ古墳などの、朝鮮半島からの渡来系とみられる人びとです。ちなみに古墳文化独自の直弧文をもつ鹿角製刀子柄は、朝鮮半島南端咸安《ハマン》の末伊山《マリサン》古墳群でも出土しています（曺ほか二〇〇〇）。

もうひとつは、宮崎県菓子野《かしの》や同島内《しまうち》など、南九州に特徴的な地下式横穴墓に葬られた、農耕に比重をおかない社会の人びとです。

そこで山田は、鹿角製刀剣装具は海民、渡来人、狩猟採集民という、王権や農耕社会にとって周縁的な人びとが製作あるいは使用したと指摘しています。上泊遺跡の装具をもたらした人びとについては、本州の海民と考えることができそうです。

では、礼文島のオホーツク人は本州の海民と実際に交流していたのでしょうか。

南下する北の海民

このことについて考えるまえに、オホーツク人とその文化について簡単に紹介しておくことにしましょう。

北海道は縄文時代以来、アイヌの祖先だけが暮らしてきたと考えられがちです。しかし、そうではありません。

オホーツク人は、四世紀ころサハリンから南下し、その後一三世紀までアイヌの祖先集団と北海道を二分していました。オホーツク人は「流浪の民」「侵入者」といったネガティヴなイメージでとらえられがちですが、一〇〇〇年ものあいだ北海道でアイヌと並存していた、北海道史のもう一人の主役といえる人びとなのです。

北海道へ南下したオホーツク人は、六世紀までサハリン対岸の利尻《りしり》・礼文島を中心に、道北端の沿岸を占めていました。しかし、七世紀になると道東のオホーツク海沿岸に進出し、さらに千島列島全域へ一気に領域を拡大します。

アイヌの祖先集団はこれを避け、次第に北海道の南半に押しこめられていきます。両者の交流の痕跡がまったくないわけではありませんが、基本的に疎遠で、潜在的に対立的な関係にあったようです。

オホーツク人の集落は、海岸線から一キロメートル以内にしかなく、高度に海洋適応した人びとと考えられています。かれらはアザラシ、オットセイ、クジラ、イルカなどの海獣狩猟のほか、ニシン、カレイ、サケ・マスなどあらゆる海産資源を徹底的に利用していました。

さらにオホーツク文化では、土器や骨角器に描かれた船の絵や、土製や木製の船のミニチュアが多くみられます。このような船の絵やミニチュアは、アイヌの祖先集団の文化にはほとんど認められません。オホーツク人は、まさに典型的な海民といえる人びとだったのです。

かれらは大陸沿海州の靺鞨《まつかつ》や渤海《ぼつかい》といった集団と交流をもち、鉄器や青銅製装飾品など大陸の産物を入手していました。このことは、同時期の北海道に、南の本州に顔をむけた続縄文人と、北の大陸に顔をむけたオホーツク人が同居していたことを意味しますが、六世紀になるとオホーツク人の墓には本州の製品も副葬されるようになります。

オホーツク人と続縄文人

この六世紀、オホーツク人の一部は日本海を南下するようになります。かれらは道南の奥尻島《おくしり》に、夏のあいだ滞在する集落を設けます（青苗砂丘遺跡《あおなえさきゆう》）。

さらにこの時期、オホーツク人の土器は、本州太平洋側の青森県瀬野《せの》遺跡や、八戸市《はちのへ》に近い岩手県大日向《おおひなた》Ⅱ遺跡でもみつかるようになります。かれらは奥尻島を前進拠点としながら、古墳社会との交易のため本州へ往来していたようです。

ところが擦文時代（七世紀後葉～一三世紀）の九世紀後葉になると、道南に押しこめられていたアイヌの祖先集団は、これをはねのけるように全道へ進出します。オホーツク人の領域を次々と占拠し、かれらを同化していったため、北海道内のオホーツク人の形跡は一三世紀ころにはみられなくなります。

オホーツク人のＤＮＡには、現在サハリン北部やアムール川河口域に暮らすニヴフなど先住民の遺伝子的特徴が認められるとされ、アイヌのＤＮＡにもその影響が指摘されています。この遺伝子的な混淆《こんこう》は、九世紀後葉にはじまったアイヌの祖先集団の全道進出と、オホーツク人の同化によって生じたものです。

アイヌの祖先集団は、一〇世紀末にはサハリン南部、一五世紀には千島列島へ進出します。これによってアイヌが最終的に占めた版図は、結局オホーツク人がかつて占めた世界にほかなりませんでした。アイヌは、オホーツク人という北の海民の世界を占め、かれらの産物や交易の利権をとりこむことで、私たちが知るアイヌとなったのです。

オホーツク人と古墳社会の祭器

礼文島の一〇キロメートル南にある日本海側の利尻島は、四世紀から一〇世紀ころまで道北のオホーツク人の拠点となっていた島です。

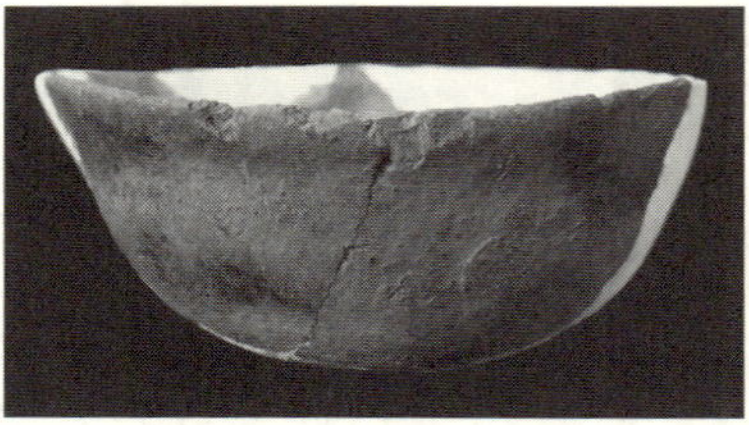

利尻島のオホーツク人の遺跡から出土した古墳時代の祭祀用土器

亦稚貝塚で出土した6〜7世紀の土師器。在地の粘土でつくられているが、朱塗りやヘラ削りといった製作手法はオホーツク土器の伝統にはみられないものだ。筆者撮影。

一九七七年、この利尻島の亦稚貝塚《またわつか》で発掘調査がおこなわれました。その際、注目されたのが、六〜七世紀のオホーツク文化の層から出土した、口径約一五センチメートルの古墳文化の土師器《はじき》の杯《つき》です。

これはオホーツク人と古墳社会の人びととの交流を物語る資料といえそうですが、西谷《にしや》栄治《えいじ》は、この杯は本州の製品ではなさそうだと指摘しています。というのも、杯の胎土《たいど》（杯の原料となった粘土）が同じ亦稚貝塚で出土しているオホーツク土器と似ており、利尻島でつくられた可能性が強いというのです（西谷二〇一〇）。

奥尻島の青苗砂丘遺跡でも、オホーツク文化の竪穴《たてあな》住居跡から七世紀の土師器が出土していますが、実はそのなかの杯も、胎土がオホーツク土器と同じであることが注目されてきました。

では、これらの杯は、オホーツク人が土師器の杯をまねてつくったものなのでしょうか。

オホーツク人の土器には杯という器種はありません。土器のかたちは、食生活はもちろん儀礼などの文化にも深く根差しています。オホーツク人が本州の杯をつくる意味はありません。さらに、亦稚貝塚の杯は底をヘラ削りという手法で成形していますが、この手法もオホーツク土器には認められないものです。

注意したいのは、亦稚貝塚の杯には、内面の全面と外面の口縁部に朱が塗られていることです。オホーツク人には土器に朱を塗る文化はありません。朱塗りの土師器の杯は、本州ではしばしばみられるものですが、朱を内面に塗った土器を日常の飲食にもちいることはできないので、祭器と考えられています。

オホーツク人がわざわざ本州の祭器をまねてつくり、本州の祭祀をおこなったとは考えられないのです。

オホーツク人と海民

そうすると、オホーツク文化の遺跡でみつかった土師器の杯は、六〜七世紀に利尻島や奥尻島に滞在した古墳社会の人びとが、現地で祭祀をおこなうため現地の粘土でつくったものということになります。

土師器の杯は、利尻島や奥尻島のほか、礼文島のオホーツク文化の遺跡である香深井《かふかい》1

遺跡でも土師器の甕《かめ》とともに出土しており、そのなかにも内面を朱塗りした杯が一点みつかっています。

香深井1遺跡の土師器は、六世紀初頭、六世紀前半、七世紀後葉〜八世紀前葉の三時期に分かれるとされており（宇部二〇〇九）、古墳社会の人びとがたびたび礼文島を訪れていたことがわかります。

この礼文島では、弥生時代前期に浜中2遺跡へ九州北部の海民が渡海し、アワビ漁をおこなっていたとのべました。さらに同島の上泊遺跡では、五世紀の鹿角製刀剣装具という海民の製品が出土していることも紹介しました。本州の海民は、弥生時代から礼文島を訪れていたのであり、土師器を残したのも海民であったと考えてよいでしょう。礼文島・利尻島・奥尻島という島嶼への強い指向性は、いかにも海民らしいといえます。

オホーツク人は六世紀になると日本海を南下し、本州へ往来して古墳社会と交易をおこなっていたといいました。このオホーツク人の南下は、かれらと対立的な関係にあり、北海道の南半を占めて古墳社会と交易をおこなっていた続縄文人とのあいだで、緊張関係を一気に高めることになったはずです（瀬川二〇一一）。

そして、このようなオホーツク人の本州進出は、北海道最北端のかれらの領域まで往来していた海民の動きが、五世紀後半に活発化したことと呼応するものだったにちがいありません。

3　離島の墓に眠るのはだれか

奇妙な墓

古墳時代の海民の、北海道渡海を示唆する事実はほかにもあります。

それは奥尻島でみつかった奇妙な墓です。

渡島《おしま》半島の日本海側、北海道本島から二〇キロメートル沖に浮かぶ奥尻島の南端には、島で最大の遺跡である青苗《あおなえ》遺跡があります。標高二五メートルの海岸段丘の縁にある青苗遺跡は、縄文時代と擦文時代の一一世紀に営まれた集落跡です。

一九七六年におこなわれた発掘調査では、石列で囲われた人骨が確認されました。

この石列は破壊され、一部だけが残っていましたが、遺体の胸のあたりには玉類、頭の上方には直刀《ちょくとう》が置かれており、墓の時期は副葬品から古墳時代終末期の七世紀とされました。

奇妙なのは、墓穴を掘りこんだ形跡がなく、遺体を地面に安置したとみられること、さ

奥尻島でみつかった奇妙な墓
青苗遺跡。8世紀？　遺体のまわりを板石で囲っていたとみられるが、半分は破壊されて残らない。墓穴を掘らず、遺体を地面に横たえ、火葬し、埋めない墓は、北海道では例がない。奥尻町教育委員会編（1981）。

らに副葬品の玉が強く焼けており、遺体を火葬したとみられることです。墓穴を掘らない葬法や火葬は、続縄文時代では例がなく、本州でもほとんど知られていません。また石囲いをもつ墓も、続縄文時代の墓には認められないものです。

私は以前、この墓について、『日本書紀』斉明《さいめい》六年（六六〇）の記事にみえる阿倍比羅夫《あべのひらふ》の北方遠征の際、粛慎《あしはせ》とよばれる人びとと戦って戦死した能登臣馬身《のとのおみのまむ》龍《たつ》の遺体を、現地で応急的に葬ったものではないか、とのべたことがあります（瀬川二〇一一）。

記事によれば、二〇〇艘《そう》の船団を率いた阿倍比羅夫は、王権の命によって日本海を北上し、渡嶋《わたりしま》に至ります。比羅夫はそこで、沖合の弊賂弁嶋《へろべのしま》を拠点とする粛慎から危害を加えられている渡嶋《わたりしま》の蝦夷《えみし》に懇願され、島へ出むいて粛慎を討ちますが、その際、高官であった能登臣馬身龍が戦死した、とされているのです。

オホーツク人は六〜七世紀のあいだ、奥尻島の海辺に本州往来の拠点を設けていました（青苗砂丘遺跡）。先にのべたように、この動きは続縄文人とのあいだに緊張をもたらしたはずです。小規模な戦闘などが生じていたかもしれません。

そこで私は、記事にみえる弊賂弁嶋を奥尻島、そこを拠点とする粛慎をオホーツク人、かれらから危害を加えられている本島側の渡嶋蝦夷を続縄文人としました。

そのうえで、青苗遺跡でみつかった遺体は、長さ五センチメートルもある古墳時代では最大級のヒスイ製丁字頭《ちょうじがしら》勾玉《まがたま》という、本州であれば上位の階層の着装品をもつこと、火葬が特殊な状況下でおこなわれた葬送の可能性があること、玉類の時期が七世紀代とされていたことから、比羅夫に同行して戦死した能登臣馬身龍を現地で葬ったものと考えたのです。

ところが最近、玉研究の第一人者である大賀《おおが》克彦《かつひこ》がこの墓の副葬品を調査し、玉類の年代は比羅夫遠征がおこなわれた七世紀ではなく、八世紀代に入ると指摘しました。比羅夫遠征記事の私の解釈自体は妥当と考えていますが、奇妙な墓の被葬者については再考が迫られることになったのです。

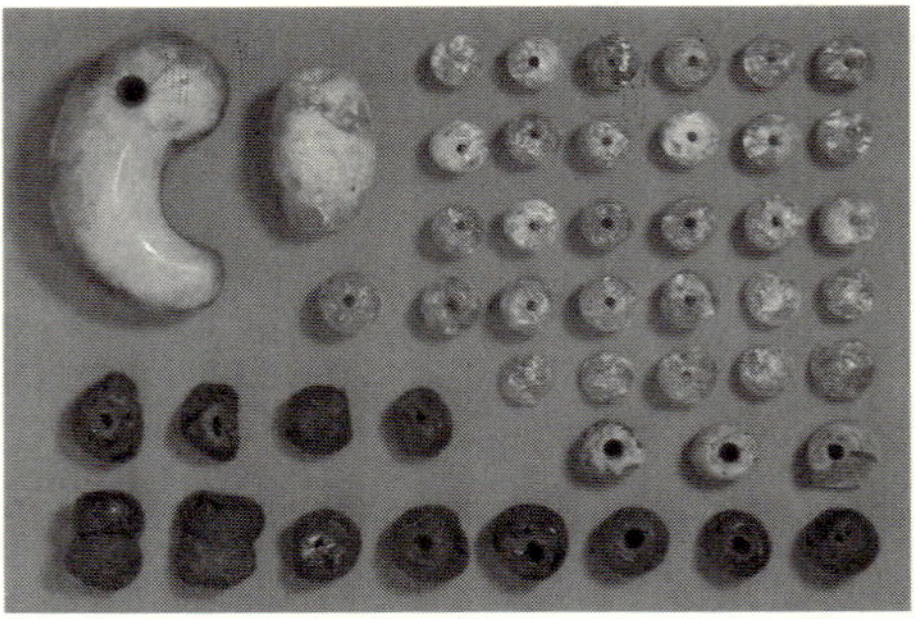

奇妙な墓の副葬品
青苗遺跡の墓から出土した玉類（一部）。5センチメートルもある大型のヒスイ製勾玉や、都でなければ入手困難な水晶製丸玉など、貴重な玉類を離島に残したのはどのような人物か。奥尻町教育委員会編（1979）。

さまざまな時代と産地の玉

大賀は、玉類の分析をもとに、奇妙な墓の被葬者の実像についても具体的にのべています（大賀二〇一六）。その内容を紹介しましょう。

遺体に副葬された玉類は、ヒスイ製勾玉、水晶製切子《きりこ》玉《だま》、水晶製丸玉、滑石《かっせき》製丸玉、ガラス製小玉です（こうした玉類を製作したと推定される遺跡を玉作《たまつくり》遺跡といいます）。

このうち勾玉は、古墳時代前期の三世紀後半～四世紀半ばに、畿内あるいはヒスイ原産地の新潟県姫川《ひめかわ》下流域の玉作遺跡で製作されたものです。水晶製切子玉は、古墳時代終末期の七世紀前葉～中葉に島根県花仙山《かせんざん》周辺の玉作遺跡で生産されたもの、水晶製丸玉は、八世紀以降に島根県花仙山周辺と都城《とじょう》（古代の、城郭に囲まれた都市）で生産され、おもに畿内で流通したもの、滑石製丸玉は、七世紀初頭前後に静岡県中央部で生産され、東日本一帯で流通したもの、ガラス製小玉は、六世紀中葉から七世紀にかけて生産されたものです。

つまり玉類は、さまざまな地域や時期の製品をくみあわせたものだったのです。

このうち水晶製丸玉以外の玉は、福島県いわき市周辺や青森県八戸市周辺など、東日本太平洋沿岸の流通拠点でくみあわせにされたものではないか、と大賀は指摘します。しかし、水晶製丸玉は東日本では入手困難であり、そのうえ大きさや形のそろったものが約三〇点もあることから、都城で直接入手したものだろうとします。

葬られたのはオホーツク人か

そのうえで大賀は、『日本書紀』に粛慎の都城への朝貢記事がみられることから、都城へおもむいた奥尻島のオホーツク人がそこで水晶製丸玉を入手し、別に入手していた玉とくみあわせにしたのではないか、と考えます。その時期は玉の年代から八世紀とします。

さらに、オホーツク人は渤海など大陸の人びとと交流していたので、奥尻島のオホーツク人が渤海からの外交使節を案内し、都城へ同行する場合もあったのではないか、とのべます。

『続日本紀《しょくにほんぎ》』宝亀《ほうき》八年（七七七）の記事には、渤海の外交使節に日本の特産品として水精《すいしょう》念珠《ねんじゅ》（水晶製丸玉）約一万六〇〇〇点を与えたとあることから、これに同行したオホーツク人が玉を入手した可能性はたしかに考えられそうです。

そこで大賀は、墓の被葬者はオホーツク人であり、火葬や石囲いなどがみられることについては、大陸の影響であるとします。

この大陸の影響は、北東アジア考古学の研究者である小嶋芳孝《こじまよしたか》が指摘していたもので、青苗遺跡の墓には渤海の横穴《よこあな》式石室や、埋葬時の着火儀礼の影響がうかがえるというのです（小嶋二〇〇二）。

大賀のオホーツク人説は、すべての事象を破綻なく説明するものにみえます。さらに、古代の北海道が国際的な動向にかかわっていたという視点も魅力的です。

しかし私は、大賀の八世紀説がただしいとした場合に考えられる、もうひとつの被葬者の可能性を指摘してみたいとおもいます。

大陸起源説を疑う

墓穴を掘らず、地面で火葬し、そのまわりに石囲いをもつ青苗遺跡の墓が、オホーツク人の受容した大陸の葬法であったとすれば、ほかのオホーツク人の墓でもこのような葬法は確認されてよさそうです。

実は、火葬された骨は、道東の網走《あばしり》市や枝幸《えさし》町のオホーツク文化の墓で確認されており、石囲いをもつ墓は根室《ねむろ》市でみつかっています。ただし、それらは道東の例外的な事例であり、奥尻島へ往来していた礼文島など道北のオホーツク人の墓では、これまでのところ確認されていません。

大賀の論理でいえば、大陸の葬法は、渤海の外交使節と交流していた道北側の一部のオホーツク人にだけ受容されたのだ、ということになるかもしれませんが、はたしてそう考えられるでしょうか。

同じ奥尻島のオホーツク人の遺跡である青苗砂丘遺跡でも、かれらの墓がみつかっています。それは青苗遺跡の墓とは異なり、墓穴を掘って遺体を土葬にしたもので、石囲いも火葬もない一般的なオホーツク文化の墓です。

さらに、青苗遺跡の奇妙な墓が仮にオホーツク人の墓であったとしても、青苗遺跡ではなぜかオホーツク土器は一点も出土していません。

そもそも、奥尻島のオホーツク人の拠点であった青苗砂丘遺跡は、阿倍比羅夫の遠征がおこなわれた七世紀後半に廃絶しており、それ以降、奥尻島ではオホーツク人の足跡は確認されていません。八世紀に設けられた奇妙な墓の被葬者がオホーツク人とは考えにくいのです。

また、小嶋は青苗遺跡の奇妙な墓を「石室墓」とよび、その起源に大陸沿海州の横穴式石室を想定しましたが、実際には石で遺体を囲っただけのもので、とても「石室」とよべるものではありません。一部に後世の破壊を受けているようですが、もともと出入口の構造をもつ横穴式石室や、横穴式石室の影響をうかがわせるような立体的な構造物があったとはいえないのです。

海民独特の葬法

そこで私が注目したいのは、青苗遺跡の墓と同じく墓穴を掘らず、火葬し、石組みの墓をつくる人びとが本州にもいたことです。それは海民です。

古墳時代の紀伊《きい》半島と志摩《しま》半島では、墓穴を掘らず、遺体を海辺の砂浜に横たえた、「砂浜埋葬」とよばれる海民の葬法が確認されています。これは三重県地蔵《じぞう》遺跡、西殿《にしどの》遺跡、白浜《しらはま》遺跡のほか、和歌山県の田辺《たなべ》市や南部《みなべ》町（現みなべ町）などの遺跡でもみつかっています。

砂浜での遺構の確認は、考古学的にはなかなか困難です。そのため、確認できていない墓は実際には多数存在しており、海民の葬法として一般的なものだったのではないか、と考えられています（穂積二〇〇八）。

地蔵遺跡や和歌山県の磯間岩陰遺跡の「砂浜埋葬」では、副葬品として鹿角製刀剣装具を装着した刀も出土していますが、この装具は礼文島の上泊遺跡でも出土しています。磯間岩陰遺跡は、海蝕洞窟内に遺体を安置したものですが、この海蝕洞窟を埋葬場とする習俗は海民に独自のものです。実際、この磯間岩陰の被葬者には釣針など各種の漁撈具が副葬されていました。

山形県飛島《とびしま》の海蝕洞窟であるテキ穴洞窟遺跡では、九〜一〇世紀の人骨二二体が出土していますが、これらは墓穴を掘らず、覆土《ふくど》もないため地表に露出していました。墓穴を掘らない葬法は、広い地域と時代にまたがる海民の習俗だったのかもしれません。

また、仏教の影響ではじまった火葬は、八世紀になっても本州では一般的な葬法ではありませんでしたが、神奈川県三浦半島の雨崎洞窟や先の磯間岩陰遺跡では古墳時代の火葬人骨が確認され、海民のなかに火葬の伝統があったことも明らかになっています（釼持一九九九）。この火葬の習俗は、おそらく遺体を埋めない葬法と関連するものとおもわれます。

被葬者を推理する

さらに、近年注目されている海民の葬法として、古墳時代の石組みをもつ墓がありま す。それは、鎌倉《かまくら》市長谷小路《はせこうじ》遺跡など三浦半島周辺や茨城県などでみつかっている、砂丘

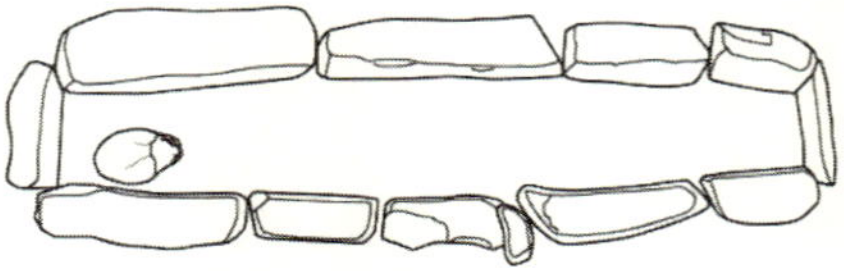

海民の墓
近年、本州では海民独自の葬法が注目されている。墓穴を掘らず、遺体を地面に横たえた砂浜埋葬、火葬、図のような墳丘をもたない石棺墓など、その特徴は奥尻島の奇妙な墓と共通する。図は、茨城県ひたちなか市磯崎東古墳群の石棺墓。5〜7世紀。稲田（2017）。

上に設けられた特異な石棺墓です。

この石棺墓は、平石を低く積んで遺体を囲うもので、一見、古墳の竪穴式石槨《せっかく》と似ていなくもありません。しかし、これは墳丘をもたない墓であり、古墳とは異なります。墳丘をもたないという点では、紀伊半島や志摩半島の「砂浜埋葬」の、石囲いをもつパターンといえるかもしれません。

海民の考古学的研究をおこなっている西川《にしかわ》修一《しゅういち》は、砂浜埋葬や特異な石棺墓といった特異で多様な様相をみせる古墳時代の海民の墓は、今後さらに広い範囲でみつかっていくだろうと指摘しています（西川二〇一六）。墓穴を掘らず、地面で火葬し、石組みをもつ、青苗遺跡の墓とまったく同じ特徴をもつ海民の墓が本州でみつかるのは、もはや時間の問題かもしれません。

青苗遺跡の墓の被葬者は、本州の海民と考えてみることで、すべての現象を整合的に説明できます。大賀がいうとおりこの墓が八世紀のものとすれば、奥尻島で八世紀のオホーツク土器はみつかっていないものの、八世紀の土師器は出土しているのです。

奥尻島でおこなわれた海民の祭祀

青苗遺跡の墓の被葬者が、本州の海民であったことをうかがわせる資料はまだありません。

土製模造鏡の出土遺跡
国立歴史民俗博物館編（1985）および稲垣（2010）から作成。

それは、この墓から少し離れた場所にある、同じような石囲いの近くで出土した土製模造品の鏡二点、土製模造品の丸玉一点、石製模造品の勾玉一点です。石囲いのなかからはなにもみつかっておらず、これが墓かどうかは不明とされています。

この土製や石製の模造品は、古墳時代から奈良時代の本州の祭祀具です。ただし、なぜこのような祭祀具が奥尻島で出土したのか、議論されたことはありません。

同じ模造品でも、先に紹介した石狩市出土の石製模造刀子の場合、ミニチュアとしてかわいらしいので、珍奇な品として本州から流通した可能性は、まったくゼロとはいえないかもしれません。

しかし、直径一〇センチメートルにも満たない、子どもが遊びでつくったといっても誰も疑わないような素焼きの鏡が、交易品として北海道へ渡った可能性はまず考えられません。

つまり土製模造品の鏡は、本州の人びとが奥尻島へ渡海し、青苗遺跡で祭祀をおこなっていたことを意味するものなのです。

そこで、土製模造品の鏡が、本州のどの地域の遺跡で出土しているのか、私が分布を調べてみたところ、大変興味深いことがわかりました。

土製模造鏡を出土した遺跡は、関東と北陸をむすぶ線より西側の、沿岸部を中心に分布しています。九州北部に圧倒的に集中していますが、ほかにも熊本県の島原湾周辺、高知県の四万十《しまんと》川河口付近、伊豆《いず》半島、房総半島、東京湾岸、多摩川《たまがわ》水系・荒川《あらかわ》水系、霞ヶ浦《かすみうら》沿岸に集中がみられます。

これは一九八五年におこなわれた集成にもとづくものであり、現在では出土遺跡はさらに増えているはずですが、分布傾向は大きくかわらないとおもわれます。

この分布は、土製模造鏡をもちいた祭祀が海民の祭祀であったこと、またその祭祀の拠点が福岡県を中心とした九州北部であり、同系統の祭祀を各地の海民が共有していたことを物語っていそうです。

阿曇氏との関係

土製模造鏡は、内陸の長野県にも分布しています。その出土遺跡は長野市、千曲《ちくま》市、坂城《さかき》町など、いずれも千曲川沿いに立地しており、日本海側から千曲川伝いに入りこんだものとみえます。

土製模造鏡が海民に関係するものだったとすると、この分布は、海民を支配して古代の王権に仕えた阿曇《あずみ》氏と信州の関係をおもわせます。

海民である阿曇氏と信州の関係について、黛《まゆずみ》弘道《ひろみち》は次のように指摘しています。

長野県安曇野《あづみの》市の穂高《ほたか》神社は、内陸に位置するにもかかわらず船の山車《だし》を曳《ひ》く祭りで有名ですが、この穂高は、古代の海神であるホタカミノミコトにちなむものであり、阿曇氏はこのホタカミノミコトの末裔《まつえい》とされています。また、穂高神社の神官であった犬養《いぬかい》氏は、海神の末裔とされる古代の阿曇犬養連《あずみのいぬかいのむらじ》の後裔であり、穂高神社で代々祖先神の祭祀に携わってきたとみられる、というのです（黛一九八七）。

阿曇氏と土製模造鏡の関係に注目すると、もうひとつ興味深い事実があります。それは、阿曇氏の発祥が筑前《ちくぜん》国糟屋《かすや》郡阿曇郷（現在の福岡県新宮《しんぐう》町と福岡市の付近）とされていることです（同前）。これは、土製模造鏡の分布の中心が福岡県を中心とする地域であることと符合します。土製模造鏡は福岡県の内陸部でも多く出土していますが、海民が内陸に進出して農耕民化する場合もあったことは、多く指摘されているところです。

ちなみに、古墳時代の石製模造鏡の分布も調べてみましたが、これは土製模造鏡とはちがって、むしろ内陸の遺跡に分布が集中しています。そしてこの分布は、のちの律令国家の幹線道路のひとつである、近江《おうみ》国から陸奥《むつ》国にいたる東山道《とうさんどう》のルートと重なっています。

考古学では、石製模造品の祭祀具は、次第に土製模造品に置き換わったとみられており、祭祀の主体はかわらなかったと考えられていますが、そこにはもう少し複雑な実態があったのかもしれません。

いずれにせよ、青苗遺跡で出土した土製模造鏡などの祭祀具は、古墳時代から奈良時代に奥尻島へ渡った本州の海民が、現地で祭祀をおこなったことを示すものです。さらにこれらの祭祀具が、海民が葬られたとみられる奇妙な墓の近くで、同じような石組みをもつ遺構のそばから出土している事実は、この埋葬と祭祀をおこなったのが同じ海民集団であったことを示唆しているのです。

4 謎の洞窟壁画

洞窟と古代の北海道

北海道へ渡海した古墳時代の海民の足跡は、朱塗りの土師器、土製模造品の鏡など、祭祀で彩られていました。日本海に面する石狩市で出土した二点の石製模造品の刀子も、海民が北海道へ持参し、祭祀にもちいたものと考えられそうです。

かれらは、遺跡や遺物の状況からみて、北海道に定住したのではなく、おそらく厳しい冬を避けて夏のあいだ滞在したにすぎないとおもわれますが、その短期の滞在中にも祭祀や儀礼を欠かすことはなかったのです。

そして、この海民と祭儀のきわめて深い関係に注目すると、これまでだれが描いたのか謎とされてきた続縄文時代の洞窟壁画についても、あらたな可能性が浮上してくることになります。

北海道では、洞窟遺跡はこれまで七六ヵ所確認されています。埋葬場や狩猟漁撈のキャンプとして利用され、その時期は縄文時代後期から近世までおよんでいます。そのうち約半数を占める三七ヵ所が、日本海側の渡島半島から小樽市のあいだに密集しており、いずれも続縄文時代前期（弥生時代）の恵山《えさん》文化の土器が出土しています。道南の恵山文化の人びとが本州の海民と深く交流していたことをのべましたが、かれらが海岸の洞窟を活発に利用していたことがわかります。

北海道の洞窟遺跡を概観した菊池《きくち》徹夫《てつお》は、縄文時代後期から恵山文化にかけて洞窟は埋葬地としても利用されており、その後は獲物の送り場など祭儀的な空間になっていた、とのべています（菊池二〇〇二）。洞窟は他界や神の世界とむすびついた空間であり、そのためそこで埋葬や祭祀がおこなわれていたのです。

石狩市岡島洞窟では、擦文時代の人骨が多数検出されていますので（石田ほか二〇〇〇・瀬川二〇〇〇）、この洞窟を埋葬地とする習俗は擦文時代になっても存在していたようです。

洞窟壁画の発見

洞窟壁画は、日本海側に密集する洞窟遺跡のうち、小樽市手宮《てみや》洞窟と余市町フゴッペ洞窟の二つで確認されています。

両者は直線で一〇キロメートルほどと近く、いずれも海蝕洞窟の内部に線刻をおこなっています。フゴッペ洞窟については、海民の卜占具である卜骨が出土していることを本章第1節で紹介しました。

手宮洞窟は、小樽市総合博物館の敷地に隣接する小樽市街地の西端にあります。一八六六年（慶応二）、ニシン番屋建築のため相模《さがみ》国の小田原《おだわら》からやってきた出稼ぎ石工《いしく》の長兵衛《ちょうべえ》が、建築用の石材を物色中、偶然発見したと伝えられます。

その後、明治時代になって、イギリス人の地質学者であるジョン・ミルンや、渡瀬荘三郎《わたせしょうざぶろう》、坪井正五郎《つぼいしょうごろう》ら著名な考古学研究者が調査をおこないました。洞窟は、石炭積み出しの高架桟橋の建設などによって大きく破壊されたものの、発見から五五年後の一九二一年に国指定史跡となり、現在に至っています。

手宮洞窟に残る三〇ほどの壁画については、突厥《とっけつ》（中央アジアの遊牧民）文字説、アリューシャン列島起源説、大興安嶺《だいこうあんれい》（内モンゴル自治区北東部）起源説など、さまざまな外来起源説が唱えられました。しかし、壁画のほとんどは抽象的な人物像で、稚拙にもみえるため、発見当時から子どものいたずら書きとする見方が根強くありました。さらに、アイヌ語研究者で北海道神宮の宮司なども務めた白野夏雲《しらのかうん》が、壁画は自分の部下が彫ったと証言したことから、偽作説が一気にクローズアップされます。

この真贋《しんがん》論争に決着をつけたのが、余市町のフゴッペ洞窟の発見です。

定説化する大陸起源

余市湾東端の丘陵先端にあるフゴッペ洞窟は、一九五〇年、考古学に興味をもつ札幌市の高校生が海水浴にきていて発見し、大きなニュースになりました。翌年以降、本格的な発掘調査がおこなわれ、一九五三年には国指定史跡となって現在に至っています。

調査の結果、フゴッペ洞窟では人物像など二〇〇以上の彫刻が確認されました。その特徴は手宮洞窟の壁画と一致しており、両者はほぼ同時期に同じ文化をもつ人びとによって描かれたとされました。

このフゴッペ洞窟の発見がきっかけとなり、余市町に近い積丹《しやこたん》半島などで洞窟遺跡の調査がおこなわれましたが、壁画を確認することはできませんでした。そこで、道内や本州に例がない洞窟壁画の起源は、やはり日本列島の外にもとめるべきだ、と考えられるようになりました。

手宮洞窟やフゴッペ洞窟では、頭に角状の突起をもち、腕から羽状の飾りを垂れ下げた人物像が描かれていますが、これが北東アジアのシャーマンの装束をおもわせることもあ

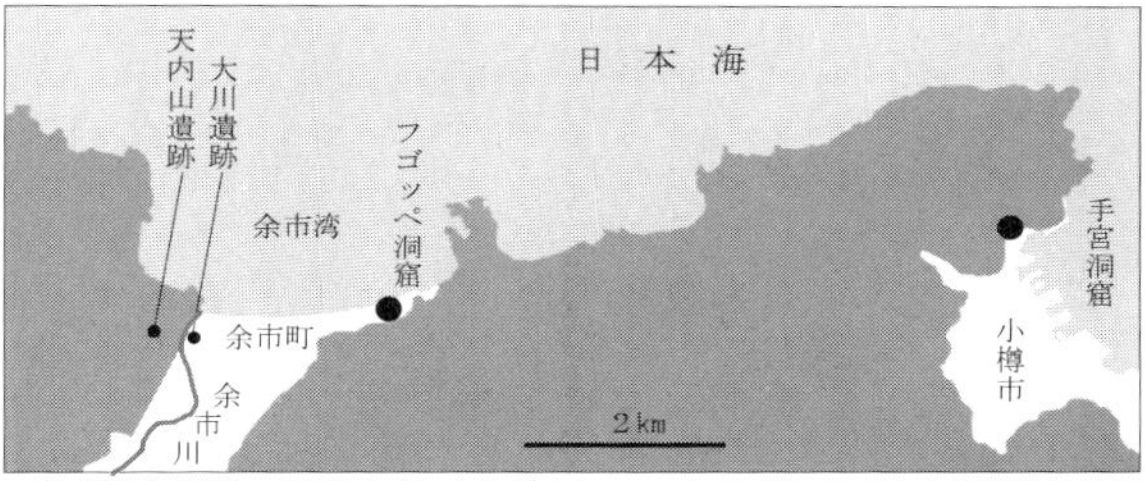

フゴッペ洞窟と手宮洞窟

中段はフゴッペ洞窟外観。下段は同壁画。フゴッペ洞窟調査団編（1970）。

って、現在では大陸起源説がほぼ定説化しています。

具体的には、ロシアのハバロフスクに近いアムール川流域のシカチアリャン遺跡やシェルメチェーヴォ遺跡、バイカル湖周辺で多くみつかっている古代岩壁画に似たモティーフがみられることから、ロシアを中心とした地域の岩壁画との関係が考えられています。ただし、両者の年代的な関係などが具体的に明らかにされているわけではありません。

壁画をみなおす

手宮洞窟とフゴッペ洞窟では、発掘調査によって三世紀から七世紀の続縄文土器（後北《こうほく》A式〜北大《ほくだい》Ⅲ式）が出土しています。ただし大陸の遺物はみつかっていません。そのため、壁画の起源自体は大陸にあるにしても、それを描いたのは続縄文人自身であったと考えられています。

しかし、乾芳宏《いぬいよしひろ》も指摘するように、壁画に描かれたさまざまな文様と、当時の続縄文土器などの文様のあいだに、類似性は認められません（乾二〇〇一）。出土遺物からすれば、続縄文人が描いたとしか考えようがないものの、そこには北海道の土着文化の「におい」が一切感じられないのです。勘といってしまえばそれまでですが、続縄文人が洞窟壁画を残したとすることに、違和感をおぼえない北海道の考古学研究者は少ないのではないでしょうか。

手宮洞窟とフゴッペ洞窟の壁画の大半は、楕円形の体に手足や角状の突起をもつ、抽象的でマジカルな印象の人物像です。一見、異星人のようにもみえることから、宇宙人説がおもしろおかしくとり上げられることもありましたが、なかにはきわめてリアルな線刻もみられます。それはフゴッペ洞窟にみられる人物、獣、魚、船の絵です。これらは壁画のなかでも下方にまとまって描かれています。

この線刻をみていた私は、それらが本州の横穴式石室や横穴墓の壁画のモティーフとよく似ていることに気がつきました。

ヤクート族（東シベリア）の岩絵
大阪府立弥生文化博物館編（2004）。

古墳壁画との一致

たとえば、熊本県弁慶《べんけい》ヶ穴《あな》古墳や福岡県鳥船塚《とりふねづか》古墳など本州の装飾古

余市町フゴッペ洞窟と装飾古墳の絵画の対比

墳では、船のうえに浮かぶ同心円状の日輪のモティーフが描かれています。これは他界へむかう死者の乗り物という、当時の他界観をあらわすものとされています。

　フゴッペ洞窟でも、船の上に日輪状の円を描いたモティーフがあります。問題は、この日輪と船がただしく対になるのかという点ですが、船と日輪の周囲に重複するような線刻はなく、そのため他の研究者も二つが対になると考えているようです（乾二〇〇一）。

フゴッペ洞窟では、四つ足の動物も二頭描かれています。これがどのような動物なのか議論されたことはほとんどありません。北海道ですからエゾシカがすぐに思い浮かびますが、枝角が描かれていないのでシカではないとされています（大島一九九五）。ただし具体的な動物名はあげていません。

もし、これが本州の装飾古墳で多く描かれているウマだとすれば、角がなく、耳が強調されている点、胴長のプロポーションがウマの特徴と一致します。さらにフゴッペ洞窟の四脚獣の一体には、たてがみ状の描写があり、これはまさにウマのたてがみということになります。ちなみにウマが北海道へ入ってくるのは中世以降のことです。

人物像についても、フゴッペ洞窟と類似する装飾古墳の例を示しました。装飾古墳にみられる、髪を左右に束ねた「みずら」の人物像や、手に何かをもち、角状に突きだした冠を被るシャーマンのような人物像は、フゴッペ洞窟でも確認できます。

フゴッペ洞窟では魚も描かれており、ひとつは海獣のシャチにみえますが、本州の装飾古墳でも魚や海獣のモティーフがあります。魚の絵は、日本海側の鳥取県の装飾古墳で多くみられるモティーフです。

もうひとつ注目したいのは、壁画の彩色です。

装飾古墳では、彩色に赤・黒・白・黄・緑・青の六色をもちいますが、九州以外の横穴式石室古墳や横穴墓では、基本的に彩色にもちいるのは赤色顔料（ベンガラ）です。フゴッペ洞窟でも、線刻やその周囲には赤色顔料（ベンガラ）の彩色が確認されているのです。

これらはたんなる偶然の一致なのでしょうか。

海民の古墳

装飾古墳は、五世紀前半に熊本県で成立します。横穴式石室の壁面下部に立て並べた板石（石障《せきしょう》）に彩色や線刻を施すものです。

六世紀になると、横穴式石室の壁面全体に彩色画を描くようになり、六世紀から七世紀には、各地にこの横穴式石室と壁画が拡大していきます。壁画をもつ横穴式石室は、日本海側では北陸、太平洋側では茨城県付近が北限で、大半は沿岸に立地しています。横穴式石室は、九州北部からの移民や、その文化的な伝播によって各地に出現したというのが定説です。

さらに、自然の崖面に墓室を掘りこんだ横穴墓が、六〜七世紀に各地で設けられるようになります。これにも線刻などの壁画がみられます。

横穴墓は太平洋側では静岡県から宮城県にかけて、日本海側では富山県まで分布しており、とくに相模湾《さがみ》、房総半島、茨城県の那珂川《なか》・久慈川《くじ》河口、福島県の浪江町《なみえ》から相馬市《そうま》、仙台湾など海民の拠点地域に強く集中しています。全国で約三万五〇〇〇の横穴墓が確認されていますが、実際にはその数倍の数が造営されたと考えられています。

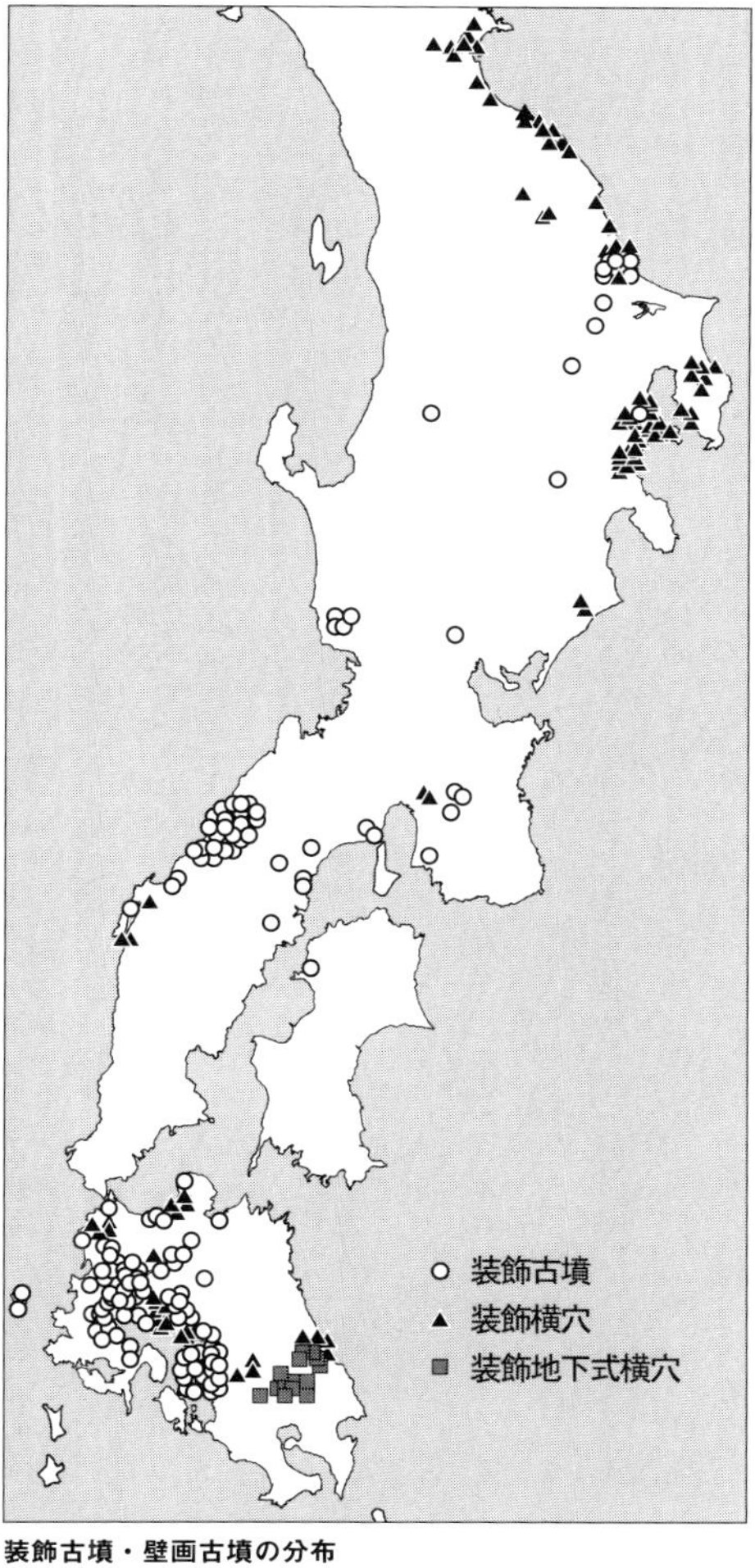

装飾古墳・壁画古墳の分布

国立歴史民俗博物館編（1993）原図を改変。

横穴墓は、その立地や、釣り針などの漁具、アワビ・カキ・ハマグリなどが副葬されていることから、基本的には海民の墓と考えられています（柏木二〇一五）。その分布は、私が海民の祭祀具と考えた土製模造鏡の分布ともほぼ一致します。

さらに南九州では、地下式横穴墓という独自の墓制が展開し、これは隼人の墓であると考えられていますが、その多くにも彩色や線刻の壁画がみられます。

これら本州の古墳壁画と、北海道の洞窟壁画の関係が指摘されたことは、これまでありません。実際、本州で洞窟に壁画を描いた例はありませんが、東北まで壁画の文化が広がっていた以上、北海道の洞窟壁画については、まずは本州との関係を検討してみる必要があるのではないでしょうか。

第三章でのべるように、本州の海民も、海蝕洞窟を埋葬地や祭祀空間として利用していました。そのこともまた、海民の壁画文化と北海道の洞窟壁画の関係を支持するものとおもわれるのです。

なぜ余市周辺なのか

フゴッペ洞窟の壁画が、もし海民の古墳壁画に関係があったとすると、その形成年代は壁画古墳が本州各地で盛行した七世紀と考えられます。

さらに、壁画に土着文化の「におい」が感じられないことからすれば、壁画を描いたのは本州の海民自身だったことになります。

ただし、フゴッペ洞窟では続縄文時代終末の七世紀の土器（北大Ⅲ式）が出土しているものの、同時期の古墳文化の土師器はみつかっていません。手宮洞窟でもフゴッペ洞窟でも、多く出土しているのは四世紀代（後北C2－D式）の続縄文土器です。そのため壁画は四世紀代、続縄文人によって描かれたと考えられてきたのです。

しかし、フゴッペ洞窟では、次にのべるように七世紀の本州の遺物自体はみつかっています。

一九七一年、洞窟の覆屋《おおいや》を建設するため前庭部の発掘調査がおこなわれた際、そこで長さ約一メートル、深さ五〇センチメートルの土壙《どこうぼ》墓が検出されました。頭を北にむけた屈《くっ》葬《そう》の人骨は、胸の上に刀子と人頭大の大きな石を置き、体と並行に円頭大刀《えんとうのたち》と方頭大刀《ほうとうのたち》、腰の横には鉄鏃《てつぞく》二点を供えていました。土器は出土していませんが、二本の大刀はいずれも七世紀前半のものとされています（野村ほか一九九〇）。

私は、あとでのべるような問題点はあるものの、これは本州海民の墓であり、洞窟の入口で葬儀をおこなった際、海民たちが壁画を描いたのではないか、と考えています。七世紀は本州製品の流通のひとつの画期であり、少なからぬ海民たちが北海道へやってきていたとみられるのです。

フゴッペ洞窟の墓で出土した方頭大刀は、七世紀以降、北海道へ流通するようになったものです。七世紀の方頭大刀は、フゴッペ洞窟のほかにも、内陸の札幌市北海道大学構内、恵庭市西島松《にししままつ》5遺跡など、石狩低地帯の続縄文人の墓でみつかっています。本州の庶民など容易に入手できない貴重な刀が石狩低地帯の遺跡に集中しているのは、当時ここが続縄文社会の中心地だったからです。

そして、それら本州製品の流通拠点とみられるのが、フゴッペ洞窟が位置する余市湾の余市川です。余市川は、続縄文時代から近世まで日本海交易の拠点的な河口港であり、物流の「ハブ港」となっていました。その中核遺跡が、縄文時代から近世までほとんど途切れることなく営まれた余市町大川《おおかわ》遺跡です。

本州から対馬海流にのって北上すると、そのまま一気に北海道の積丹半島の神威岬に達する、と第一章でのべました。その積丹半島をまわりこんで最初の港が、半島の付け根にある余市湾の余市川です。余市川が日本海交易の拠点になっていた理由は、この点にありそうです。

斉明五年(六五九)にもおこなわれた阿倍比羅夫の遠征では、比羅夫は渡嶋のエミシの進言にしたがって「後方羊蹄《しりへし》」に政庁を設置します。この後方羊蹄が、従来指摘されているように余市湾のシリパ岬だとすれば、政庁が置かれたのはまさに余市湾・余市川であり、大川遺跡だったことになります。

この政庁は、実態としては国家管理の交易所だったとおもわれます。それを余市に置いた目的は、ひとつには北海道への物流を王権が押さえて海民の「民間交易」を排除し、続縄文人にとってもメリットのある朝貢交易をおこなうことであり、ひとつには続縄文人の交易活動にたいするオホーツク人の脅威をコントロールすることだったにちがいありません。土地の人びとが政庁の設置を比羅夫に進言した理由は、そこにあったのでしょう。

余市は、古代の北海道において地政学上きわめて重要な地だったのです。

なぜ島嶼と海辺なのか

この比羅夫の遠征以前には、交易のため余市川の続縄文人が本州へおもむく場合もあれば、海民が大量の鉄製品などを持参し、余市川へやってくることもあったとおもわれます。

縄文時代から近世に営まれた大川遺跡では、中世には和人が交易のため定住し、アイヌと雑居していたことが陶磁器の出土などから明らかになっています。和人が季節的に雑居する状況は、北海道への物流が拡大する五世紀後半にはすでにみられたかもしれません。

そして、大川遺跡など続縄文人の集落でたまたま亡くなる海民がおり、その埋葬地として選ばれたのが、海蝕洞窟であるフゴッペ洞窟だったのではないでしょうか。海辺の洞窟や岩陰での埋葬は、本州でも縄文時代後期から平安時代まで海民のあいだでおこなわれていたのです。

このことと関連して、大川遺跡でみつかった特異な墓が注目されます。

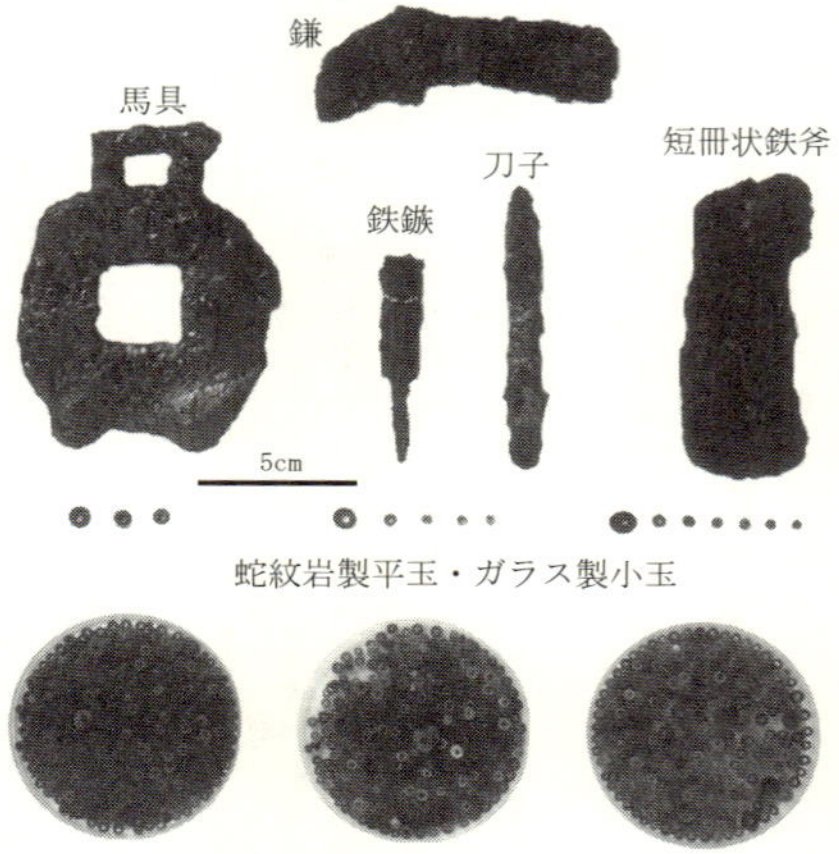

余市町大川遺跡96号墓の副葬品
余市町教育委員会編（2000）。

大川遺跡の96号墓からは、五世紀中葉頃とされる日本列島でも初期の馬具（鉄製楕円形鏡板付轡《きょうばんつきくつわ》）と、弥生時代から古墳時代にもちいられた短冊状鉄斧《てっぷ》のほか、数十点のガラス製小玉、一〇〇〇点以上の滑石製玉、鎌、刀子、鉄鏃が出土しました。

北海道で古墳時代の馬具が出土した遺跡はほかになく、短冊状鉄斧も大川遺跡以外ではフゴッペ洞窟でみつかっているだけです（日高二〇〇一）。大量の玉の副葬も、この時期では例がありません。

ちなみにウマは、五世紀前半に朝鮮半島から日本列島にもちこまれ、各地で飼育されるようになります。東北北部では、五世紀後半の岩手県中半入《なかはんにゅう》遺跡でウマの下顎骨がみつかっています。その飼育には渡来人が多くかかわっていました。

この96号墓の被葬者について、議論がおこなわれたことはありません。たしかにこの96号墓もフゴッペ洞窟の墓も、墓の形や遺体を屈葬にする点は、続縄文人の墓の特徴と同じです。ただちに海民の墓とすることには問題がありそうです。

しかし、その副葬品は続縄文人の墓では例をみない、きわめて特異なものです。五世紀後半は流通の画期ですから、少なからぬ本州の海民が余市を訪れており、たまたま亡くなった本州の海民が、現地の続縄文人の協力によって、現地式に葬られた可能性も考えられないではありません。

洞窟壁画や、埋めずに火葬した奥尻島青苗遺跡の人骨のように、北海道に類例がない遺構は、これまですべて大陸起源とみなされてきました。

しかし、鹿角製刀剣装飾具、石製模造品の刀子、朱塗りの土師器、土製模造品の鏡、馬具、短冊状鉄斧といった特異な遺物が、ひとつの例外もなく奥尻島、利尻島、礼文島、余市湾周辺など島嶼や海浜部で発見されているのはなぜなのでしょうか。

これらの遺物が、続縄文人の一大拠点であった石狩低地帯の遺跡で一切みつからないのは、そもそもそれらが続縄文人にとって意味や価値をもたないものだったからです。そのことは、続縄文人とは異なる文化に属する人びと、つまり本州の海民が、北海道の島嶼や海浜部に多く渡海し、続縄文人やオホーツク人と深く交流していたことを示しているのです。

東アジアの周縁に孤立した日本列島の社会を、朝鮮半島からロシア沿海州をリンクするグローバルな交流の渦に巻きこんでいったのは、海民という縄文性を帯びた人びとのネットワークだった、といえるのではないでしょうか。

第三章　神話と伝説——残存する縄文の世界観

1　共通するモティーフ

周縁の人びとの世界観

アイヌの神話・伝説のなかには、これまで指摘されたことはありませんが、『古事記』『日本書紀』『風土記』の古代海民の神話・伝説と共通するモティーフがいくつかある、と私は考えています。

では、なぜ古代海民とアイヌのあいだに共通する神話・伝説がみられるのでしょうか。本章ではその意味について考えます。

この共通する神話・伝説は、その来歴に二種類あったとおもわれます。ひとつは、縄文時代の日本列島に普遍的に存在した神話を、アイヌと海民それぞれが伝えていたとみられるものです。

本章では、なぜそれが縄文神話といえるのかのべるとともに、この神話・伝説から縄文時代の世界観・他界観を読み解き、それが南島の世界観・他界観と一致すること、さらにこの縄文神話のモティーフが修験者の伝説にも広く認められることを指摘します。

そして、日本列島の周縁の人びとが精神世界の「核」である縄文の世界観・他界観を共有するとともに、この縄文の世界観が、変容しながら農耕民のなかにも受け継がれていたことを指摘します。

もうひとつは、弥生〜古墳時代の北海道へ渡海してきていた海民の神話・伝説が、アイヌの祖先集団へ伝わったとみられるものです。

その例として、アイヌ神話にみられる、朝鮮半島からの渡来人伝説である『古事記』のアメノヒホコの類話をとりあげて論じます。

川をのぼるワニ

アイヌの神話・伝説と共通するモティーフをもつ古代日本の神話・伝説として、まず注目したいのが『肥前国風土記』と『出雲国風土記』の伝説です。

『風土記』は、七一三年、国ごとに産物、地勢、伝説や地名の由来を記し、天皇に献上させた報告書のことです。まとまったかたちで現存するのは、出雲（島根県東部）、常陸《ひたち》（茨城県）、播磨《はりま》（兵庫県南部）、肥前（佐賀県と長崎県）、豊後《ぶんご》（大分県）の五つの国の報告書であり、出雲についてはほぼ完全なかたちで残っていることが知られています。

このうち『肥前国風土記』佐嘉郡《さがのこおり》（佐賀県佐賀市）の記事には、次のような伝説が記され

鬼の舌震
玉日女命が石で川を塞いだと伝えられる。島根県提供。

ています。

（嘉瀬《かせ》川の）川上に石神があり、名を世田姫《よたひめ》という。海の神（鰐魚《わに》をいう：原註）が毎年、流れに逆らって潜り上り、この神の所に来る。（そのときに）海の底の小魚がたくさん従ってくる。一方で、人がその魚をおそれかしこめば災いがないが、他方、人が捕って食うと死ぬことがある。およそこの魚どもは、二、三日とどまり、もとへ還って海に入る。（中村監修訳注二〇一五を一部改変）

海の神であるワニが、川上（山中）にいる女神のもとへ毎年川をのぼってあいにいくというのです。これと同じモティーフをもつ伝説は、『出雲国風土記』のなかにも収録されています。それは仁多郡《にたのこおり》の恋山《したいやま》の地名由来にかんする記事です。恋山は現在の島根県奥出雲町《おくいずも》の斐伊川《ひい》支流、大馬木《おおまき》川の上流にある奇岩、鬼《おに》の舌震《したぶるい》付近とされています。

古老が伝えて言うことには、和尓《わに》（さめ）が、阿伊《あい》の村におられる神、玉日女命《たまひめのみこと》を慕って、川を溯ってやってきた。その時、玉日女命が石で川を塞いだので、会うことができないで愛しく思っていた。だから、恋山といった。（同前）

ワニが山中にいる女神のもとへ川をのぼってあいにいくという出雲国の伝説のモティーフは、肥前国の伝説と同じです。しかし出雲国の伝説では、なぜか女神が川を石でふさぎ、海の神に会うことを拒否します。肥前国の伝説についても、嘉瀬川上流の山中には高さ一〇メートル以上の巨石群がそびえ立っていますので、海の神が世田姫に会うのは容易なことではなかったとおもわれます。

いずれにしても、両者は同根の伝説と考えることができそうです。

ワニとはなにか

では、このワニとは何でしょうか。

西日本の方言ではサメのことをワニとよびます。そのため、これはサメであると考えられてきました。『出雲国風土記』意宇郡安来郷《おうのこおりやすぎのさと》には、ワニに食われて死んだ娘の仇討ちをする伝説があります。ワニの腹を割くと娘の片足が出てきたというのですから、これはホホジロザメなど獰猛《どうもう》なサメの仲間をおもわせます。

一方、同じ『出雲国風土記』島根郡《しまねのこおり》の産物には「沙魚《さめ》」があげられており、サメをワニではなく「サメ」とよんでいたことがわかります。つまり同じ古代の出雲でも、サメとワニは区別されていたようなのです。

また『古事記』『日本書紀』には、ワニは刀を帯びた神とする伝説があります。そこで、このワニはシュモクザメであり、刀は頭部がT字状に突きだしたシュモクザメの特徴をあらわしているのではないか、と考える研究者もいます（矢野一九七九・内田二〇〇三）。シュモクザメを方言でカセワニとよぶ地域もあります。

シュモクザメを描いた土器や木製品は、西日本の日本海沿岸各地の、縄文～古墳時代の遺跡でみつかっており、この地域では縄文時代から神格化された存在だったようです。

さらに、『壱岐国《いきのくに》風土記』逸文の鯨伏郷《いさふしのさと》には、クマワニに追いかけられたクジラが逃げ隠れしたという地名由来が記されていますが、その生態からクマワニはシャチとみられるので、ワニをシャチとする説もあります（大山二〇〇二）。

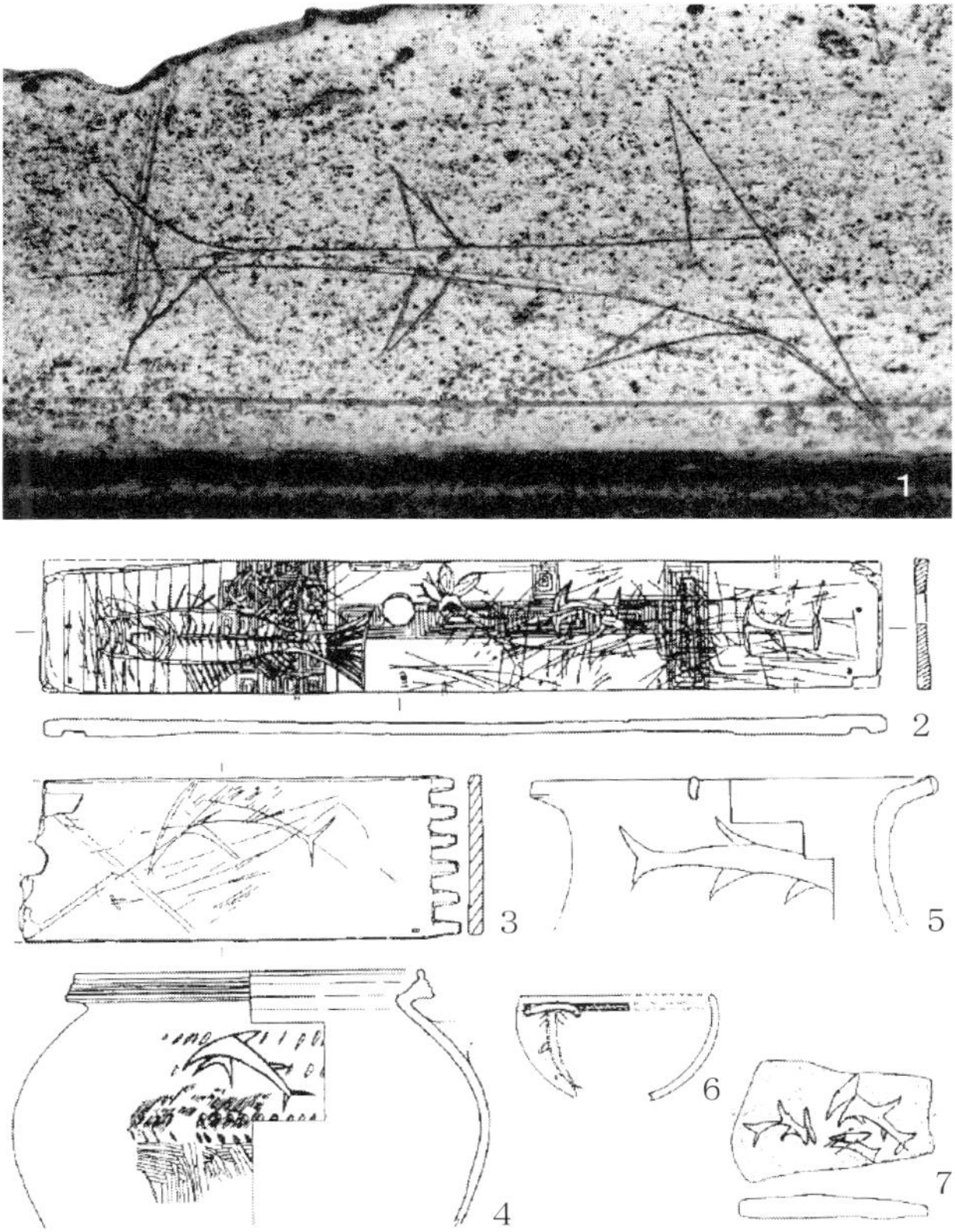

サメ（シュモクザメ）線刻をもつ縄文〜古墳時代の資料
1は銅剣に線刻されたサメ。鳥取県出土（弥生中期）。2は兵庫県袴狭（はかざ）遺跡（古墳前期）。3、4、7は鳥取県青谷上寺地遺跡（弥生中期）。5は島根県白枝荒神（しろえだこうじん）遺跡（弥生中期）。6は長野県山の神遺跡（縄文晩期）。サメを神とする観念は縄文時代にさかのぼるとみられる。1は鳥取県立博物館提供、2〜7は内田（2003）。

しかし、シュモクザメをカセワニとよび、シャチをクマワニとよんでいたのであれば、単純にワニ＝サメというわけでなく、サメの仲間や、その仲間にもみえる海獣のシャチなど、海の神とされていたさまざまな生き物の総称がワニだったのではないでしょうか。

エビスとワニ

この総称としてのワニにかかわって注目したいのが、全国各地の漁民のあいだでサメ、シャチ、ジンベエザメ、クジラなどが、豊漁の神である「エビス」と総称されていたことです。

クジラがエビスとよばれていたのは、浜に打ち上げられた寄りクジラ自体が貴重な食料であったほか、天敵のメカジキなどから身を守るためクジラの下に集まった、カツオなど魚の群れを引き連れてくるからです。

サメについても浜に寄りあがることがあり、またジンベエザメはカツオなど魚の群れを引き連れてくることから、それぞれエビスとよばれていました。シャチは、クジラやマグロなどの魚群を浜に追いこみ、大漁をもたらしたといいます（川島二〇〇三）。

実際、『肥前国風土記』の伝説でも、ワニはたくさんの小魚をしたがえて川をのぼってきます。これはエビスとされていたジンベエザメやクジラの生態をおもわせます。

ワニは、特定の種にかぎらないエビス神的な性格をもつものの総称であり、サメ、シャチ、ジンベエザメなどを古代の西日本ではそうよんでいたのかもしれません。ちなみに、全国の漁民のエビス信仰の中心は、島根県松江《まつえ》市の美保《みほ》神社とされています。

そして、ワニが漁撈にかかわって尊崇される存在であったとすれば、その伝説を伝えてきたのは海民であったと考えてよいでしょう。

エビスといえば、宮本常一は、古代の王権が東北地方の人びとをエミシ（エビス）とよび、また海民の祀る神がエビスとよばれていたのは、もともと海民がエビスとよばれ、エミシの起源にも海民が深くかかわっていたからではないか、とのべています（宮本一九七四）。

エミシについては、発掘調査が進んでいた内陸の「山道」ルートのエミシが注目されがちですが、東日本大震災後の復興にともなう発掘調査により、東北北部太平洋沿岸の「海道」ルートのエミシの実態が明らかになりつつあります。そのなかで、このエビスの問題も論じられていくことになるでしょう。

アイヌ伝説との一致

これまで指摘されたことはありませんが、アイヌの伝説のなかにも、この『風土記』の伝説と同じモティーフをもつものがあります。

沖の神であるシャチは、山の神の娘に会うため、「高山」へむかって川をのぼる。途中、サマイクル神やオキクルミ神からさまざまな妨害をうけるが、土産をもってなんとか娘のもとへむかい、山の神にほめられる。（稲田ほか一九八九：要旨）

シャチ形土製品
函館市桔梗（ききょう）2遺跡（縄文晩期）。シャチを海の神とするアイヌの観念は、縄文時代にさかのぼるとみられる。北海道埋蔵文化財センター編（1988）。

シャチの神は、オキクルミ神の妹神にあいたくなり、川をのぼる。オキクルミの家にはだれもおらず、川をくだって帰る。ある夜、妹神が夢にあらわれ、「私を恋い慕っても夫婦にはなれないので、金の矢筒に姿を変えていた。私のことは忘れて、シャチの女神を妻とせよ」という。そこでシャチは、この妹神を忘れようとつとめる。（同前）

これらのアイヌの伝説では、海の神のシャチが、川をのぼって恋い慕う山の女神にあいにゆくと語られます。ただし前者では神々がその遡上を妨害し、後者では山の女神が来訪を拒否します。

アイヌはシャチを海や沖、入江を支配する神、あるいはクジラを浜に打ち上げてくれる神などとよびます。後者は、アイヌにおけるシャチのエビス神的な性格を物語るものです。

北海道では、縄文時代の遺跡からシャチの土製品が出土していますので、シャチを海の神とする観念は、西日本のシュモクザメ同様、縄文時代から存在してきたとみられます。また、サハリンの少数民族であるニヴフやウィルタにも、シャチをかたどった木製の呪具があり、オホーツク文化にもシャチを描いた骨角器などがあります。シャチは北方民族の精神世界のなかに大きな位置を占めていたようです。

さて、先のアイヌ伝説は、海の神が恋い慕う山中の女神のもとへ川をのぼってあいにいくというモティーフが『肥前国風土記』『出雲国風土記』と一致します。また、山の女神が海の神を拒否するモティーフは『出雲国風土記』の伝説と一致します。

では、『風土記』やアイヌ伝説の海の神は、なぜ山の女神から来訪を拒否されるのでしょうか。アイヌ伝説の場合、遡上の途中ほかの神々からもさまざまな妨害をうけます。ただし、その理由は伝説のなかでは一切語られていません。

この奇妙なモティーフは、これらの伝説の背景をめぐってたいへん重要な意味をもつものですが、それについてはあとでのべることにします。

海と山の神の往還

海の神と山の女神が往還するアイヌ伝説は、ほかにもあります。

海には男女の夫婦神がいる。海の男神はアイヌが高波にあった場合、波を静めて海難から救ってくれる大切な神である。美しい海の女神は山中の家に住んでおり、昼間、気のむいたときだけ海へ出かけ、日暮れになると山中の家にもどる。女神の食物は海のものではなく、ウバユリ、ギョウジャニンニク、ワラビといった野草であり、昔アイヌの先祖に野草の食べ方を教えてくれたのは、この女神である。（早川一九七〇：要旨）

海の女神は山中に常住しており、ウバユリなどアイヌにとってきわめて重要な山野草の食べ方を教えたというのですから、彼女は山の神でもあったことになります。つまりこの伝説は、海の神と山の女神のあいだで往還がおこなわれるとする点で、『風土記』や先のアイヌ伝説と同じモティーフをもつものといえます。

その場合、山の女神が海の神と夫婦であるということのモティーフは、アイヌ伝説における海の神と山の女神が、もともとは夫婦として海に暮らしていたこと、さらに女神がなんらかの理由で山中に暮らすようになったことを示唆していそうです。

なぜ山頂に海があるのか

アイヌの伝説では、シャチが山の女神に会うため「高山」へむかって川をのぼりますが、実は、アイヌの世界観のなかの「高山」とは、ただの山ではありませんでした。

たとえば、日高の幌尻岳《ぽろしり》（標高二〇五二メートル）は神が住む山であり、登ることはできず、クマがいたとしてもそこで獲ることはできない（黒川セツ談）、あるいは日高のアポイ岳（八一〇メートル）には神が住んでおり、女性や子どもは登ることができない（岡本ユミ談）など、畏怖をもって語られてきたのです。

知里真志保によれば、アイヌにとっての高山とは次のようなものでした。

幌尻岳
アイヌは、幌尻岳など高山の山頂を死霊の世界の出口と考え、そこには海の魚貝が棲み、海藻の茂る沼があると伝える。森岡健治氏提供。

幌尻岳の山頂には、白波の立つ神秘な沼がある。そこには海の鳥や魚貝が棲み、コンブやワカメなどの海藻が生い茂っている。このコンブは、水中にあるときはコンブであるが、岸に寄りあがるとたちまちヘビになってのたうちまわる。山頂に坐《いま》す山の神について、アイヌは竜であると考えている。この山に人が近づくと、空がかき曇って暴風雨となり、二度と村へ帰ることはできない。まれに帰る者があっても、物に憑《つ》かれたようにぼうっとなり、まもなく死ぬか、ふたたび山へ入って行方知れずになる。また、サハリンのトッソ山の頂にも沼があり、そこには海藻が茂り、海獣や海魚が棲む。沼の岸辺には、この世で人間の使い捨てた器具や木幣（イナウ。木製の、御《ご》幣《へい》に似た祭具）、墓に納めた副葬品などが寄りあがっており、霊の帰り住むところとなっている。この様子をみてきた男は、それを話してからまもなく死んだ。（知里一九八六：要旨）

山の神が坐す高山に近づくと、雲が湧き起こって暴風雨になるというこのモティーフは、ヤマトタケルが山の神の坐す伊吹山《いぶきやま》（一三七七メートル）に登ろうとすると、雲が湧き起こって雹《ひょう》が降ったという記紀の記事をおもわせますが、それはさておき、山頂に海の沼があり、そこへ近づけばもどってこられないという高山にたいする観念は、サハリンアイヌと北海道アイヌに共通する、地域を越えたアイヌの普遍的な観念でした。

そのサハリンアイヌは、一〇世紀末以降、北海道からサハリンへ進出した人びとであり、北海道では一三世紀に絶えた擦文時代の住居形式など古層の文化をとどめていました。つまり、このような高山の観念の成立は、確実に中世よりまえにさかのぼるとみられるのです。

それにしても、高山の山頂の沼が海になっていたのはなぜでしょうか。

山に暮らす海の女神が、日々海へ往来していたという伝説からすれば、山頂の沼と海はつながっており、そのことが沼を海とする認識をもたらしていたと考えられそうですが、実は山頂の沼を海とするこの観念は、次にのべるアイヌの他界観と深くかかわるものだったのです。

2　他界の伝説

なぜ会うことを拒否するのか

アイヌの高山にたいする観念で注目したいのは、サハリンアイヌの伝説が伝えるように、そこが霊の帰り住むところになっていた事実です。

アイヌの他界と高山はきわめて深い関係にありました。かれらの他界観について藤村久《ふじむらひさ》和《かず》は次のようにのべています。

死んだ者の霊は、天上の「あの世」へまっすぐむかうのではない。里に近い「洞窟」が、「あの世」につながる地中の「準備場所」の入口となっている。死者の霊は、この洞窟から長いトンネルを経て、いったん地中の世界へむかう。海の魚の場合、川をのぼってこの「準備場所」へむかう。地中の世界には、「この世」と同じような村があり、人びとが暮らしている。生死をさまよう者がいくと、その姿は地中の世界の人びとにはみえず、ふたたび現世にもどってくることもある。そのなかには、自分の肉親にあったという者もいる。ただし、地中の世界の食物を食べると「この世」へもどることはできない。人間ばかりでなくすべての霊が、この地中の「準備場所」を経ていちばん高い山の頂へむかう。そして、その山頂から飛びあがり、天空を超えて「あの世」の山の山頂へむかう。「あの世」と「この世」は、まったく相似の世界になっている。（藤村一九八五：要旨）

高山が畏怖の対象となり、登った者が死んでしまうとされたのも、役目を終えた器具や墓の副葬品が山頂に集まっていたのも、そこが死霊のいきつく先だったからです。とすれば、アイヌ伝説のなかで海の神が川をのぼってむかった山、それもわざわざ「高山」と語られた山が、かれらの他界観のなかで核心的な意味をもつ、このような高山を意識せずに語られたわけがありません。

海の神がむかった「高山」とは、死霊と祖霊の世界の境界であり、山の女神はその世界の住人であったことになります。つまり、海の神の山中往還譚は、海の神が亡き女神を訪ねる、他界への往還譚にほかならないのです。

この亡き女神とは、海の神の妻と考えるのが自然でしょう。先にみたとおり、山の女神が海の神の妻であるという伝説も伝えられているのです。

しかし、生者である海の神は、死霊の世界にとどまることはできません。

そうであるからこそ、山の女神は海の神に会うことを拒否し、「添い遂げられないから、私のことは忘れてシャチの女神を妻とせよ」と諭《さと》したのであり、そういわれた海の神もこれを受け入れ、山の女神のことをなんとか忘れようと努めた、と語られるのではないでしょうか。

海民の他界観

では、海の神が川をのぼって山の女神にあいにいくという、アイヌの伝説と同じモティーフをもつ『風土記』の海民伝説についても、同様に他界の妻を訪ねる伝説と考えることはできるでしょうか。

そこでまず指摘したいのは、高山の山頂を他界とするいわゆる山上他界の観念が、アイヌだけでなく、本州においても広く認められる事実です。

たとえば大林太良《おおばやしたりょう》は、民俗誌の分析から、山上他界や山上を霊地とする観念が列島の各地に存在したことを論じています。そのなかでとくに興味深いのは、山上は死者の霊がおもむく場であるにとどまらず、生命の根源の場でもあったことです。これは第四章でのべる「まれびと」の問題とかかわって、注意しておきたい重要な事実です。

東北地方では山の神が産神《うぶがみ》となっており、そのため妊婦が産室に入ると、家族は山の神を迎えにいくことになっていました。また、青森県岩木山《いわきさん》、新潟県佐渡の金北山《きんぽくさん》、富山県立山《たてやま》、石川県白山《はくさん》、奈良県大峰山《おおみねさん》、愛媛県石鎚山《いしづちさん》など各地の高山では、成人式がこれら神聖な山への登山としておこなわれます（大林一九六五）。

つまり、生命の誕生や成人は、祖霊の生まれ変わりや祖霊による祝祭とむすびついており、山の神はその祖霊だったということになるのです。

白山

石川県と岐阜県にまたがる標高2702メートルの高山。写真はウィキペディア「白山」から引用。

堀一郎《ほりいちろう》は、『万葉集』のなかの死者を悼《いた》む歌を分析した結果、「霊魂が高きにつくとした着想がいちじるしい」ことから、古代人にとっては山こそが霊魂の住む地であったとしました（堀一九六三）。

また佐藤弘夫《さとうひろお》は、古代の日本では死者の霊が浄化されて神になり、その神になった霊魂は最終的に山の頂にとどまると指摘しています（佐藤二〇〇九）。

これらの山をめぐる民俗誌や古歌のなかに、海の神はほとんど登場しません。その意義についてはあとでのべますが、他界とむすびついたこのような高山の観念は、アイヌの他界観と共通するものであり、海民のなかにも、このような日本列島に普遍的な山の観念があったと考えてみることができそうです。

他界の入口としての洞窟

アイヌと古代の海民の他界観をめぐって、もうひとつ注目したいのは、かれらがともに洞窟を他界の入口と考えていた事実です。

北海道では、縄文時代後期から続縄文時代前期の恵山文化期（弥生中期）にかけて、洞窟が埋葬地として利用され、その後は獲物の送り場など祭儀的な空間になっていた、と第二章でのべました。しかしこの洞窟と他界の関係は、続縄文時代以降、絶えてしまったわけではありません。

近世アイヌの場合、里に近い洞窟が地中の霊の世界の入口となっていました。その伝承は、川岸の崖面の横穴、山中の滝壺、窪地など内陸にもみられますが、虻田《あぶた》町（現洞爺《とうや》湖《こ》町）、室蘭市、白老町、様似《さまに》町、余市町、網走市、サハリンなど各地の海蝕洞窟に多く残っています（知里一九八六）。北海道では縄文時代から近代まで一貫して、洞窟と他界が深く関係していたのです。

一方、本州でも洞窟への埋葬は縄文時代からおこなわれています。弥生時代になると、

洞窟と他界

1 琉球王朝の聖地である斎場御嶽（せーふぁうたき 沖縄県南城〔なんじょう〕市）。各地に残る御嶽（うたき）は、古くは墓域であった例が多く、祖霊信仰ともかかわるとされる。2 アイヌのアフンルパロ（他界の入口）とされる海辺の洞窟（北海道白老町）。3『出雲国風土記』の「黄泉（よみ）の穴」に比定される猪目（いのめ）洞窟（島根県出雲市）。1は筆者撮影、2は菅野修広氏、3は島根県提供。

これが活発におこなわれるようになり、多数の遺体を埋葬した海蝕洞窟が数多く確認されています。そこで藤田富士夫《ふじたふじお》は、海蝕洞窟は海民の「奥津城《おくつき》」（墓所・霊の休まるところ）であったと評しています（藤田一九九〇）。

さらに古墳時代になると、海蝕洞窟のほか、崖面に掘りこまれた横穴墓という一種の人工的な洞窟葬が営まれるようになり、これも海民とかかわりの深い葬制と指摘されています。洞窟での埋葬は、地域によっては平安時代になってもみられます。

海民もアイヌと同様、海蝕洞窟や崖面の横穴という洞窟の象徴が他界の入口であり、祖霊になるための「準備場所」と認識していたのではないか、とおもわれます。ただし、近世アイヌが洞窟を墓地としていたわけではないように、洞窟を他界の入口とする観念があるからといって、そこがつねに墓地となっていたわけではありません。

洞窟とむすびついた他界観念は、海辺の人びとだけでなく内陸でもみられました。

縄文時代から弥生時代にかけて、東日本では遺体をいったん骨にし、それを土器に納めて埋める再葬墓が展開します。

弥生時代の再葬墓は、海蝕洞窟や平地の沖積地のほか、岩手県熊穴《くまあな》洞穴、長野県月明沢《げつめいざわ》岩陰、群馬県岩櫃山《いわびつやま》鷹《たか》の巣《す》岩陰、八束脛《やつかはぎ》洞窟、三笠山《みかさやま》岩陰、只川《ただかわ》橋下岩陰、幕岩《まくいわ》岩陰、蝦夷穴《えぞあな》岩陰など、山中の岩陰や洞窟にも多くみられます（設楽一九九三）。

岩櫃山の鷹の巣岩陰遺跡は、標高八〇二メートルの岩櫃山山頂付近の、断崖絶壁で登頂も困難な場所にあります。なぜこんなところに骨を納めた土器をわざわざかつぎあげる必要があったのか、おもわず考えこんでしまう立地ですが、これはおそらく、白骨化した遺体が死霊から祖霊に移行した存在と認識されており、それを祖霊の世界にもっとも近い高山山頂へ安置しようとしたものだったにちがいありません。

南島と洞窟

海民と洞窟については、『出雲国風土記』出雲郡宇賀郷《うかのさと》の次のような伝説も注目されます。

浜の西に岩窟がある。夢でこの岩窟のあたりへくると、かならず死ぬ。そこで地元の民は、この岩窟を黄泉《よみ》の坂、黄泉の穴とよんでいる、というのです。

この黄泉の穴は、島根県出雲市の猪目《いのめ》湾に面した、海蝕洞窟の猪目洞窟に比定されていますが、これは海民が海蝕洞窟を他界の入口と考えていたことを明確に示すものです。

猪目洞窟では、弥生時代から古墳時代の七世紀なかばまで埋葬がおこなわれましたが、地元では現在、この猪目洞窟に近い山の中腹の直径五〇センチメートルほどの小さな穴を「黄泉の穴」「冥土《めいど》さん」とよんで祀っています。

また、同じ島根県の松江市美保関町《みほのせき》にある「蜘戸《くもど》の岩屋」とよばれる海蝕洞窟では、葬式の終わった人びとがやってきて、洞窟の壁に「南無阿弥陀仏」と書いたお札を貼りつける習俗が現在もみられます（筒井二〇一二）。

これらの事実は、洞窟を他界の入口とする観念が、洞窟への埋葬がおこなわれなくなったのちも、海民のあいだで連綿と伝えられてきたことを示しています。

奄美や沖縄でも、かつては海蝕洞窟や山中の崖の窪地に遺体を安置して風葬をおこない、これを洗骨・改葬していました。時代が新しくなると、崖面に横穴を掘りこみ、そこに遺体を安置することもおこなわれてきました（沖縄県立博物館ほか編二〇一五）。これは本州の縄文～弥生時代の再葬墓や、古墳時代の横穴墓と共通する習俗といえるでしょう。

南島では、海の彼方にニライカナイとよぶ神や祖霊が暮らす世界があると考えられていますが、石垣島《いしがき》など八重山《やえやま》諸島の場合、ニイル（ニライカナイ）は洞窟を入口とする地底の世界です。そして、その洞窟からあらわれた神が成人式をおこなうことになっているのです（折口一九九五a）。

このようにみてくると、洞窟を他界の入口とみなす観念については、次のようにまとめることができるかもしれません。

そもそも洞窟を他界の入口とみなし、洞窟に埋葬することは、縄文時代からおこなわれていました。ただし、洞窟が埋葬場として活発に利用されるようになるのは、北海道でも本州でも弥生時代になってからです。

この洞窟への埋葬は、古墳時代には衰退しますが、洞窟を他界の入口とする観念自体は、アイヌや南島の人びと、さらに島根県など一部地域の海民のあいだで近現代まで残存していたのです。

具現化される他界

海民が海蝕洞窟を他界の入口とみなし、高山の山頂を死霊のいきつく先と認識していたとすれば、海の神が山の女神のもとへ往還する『風土記』の海民伝説は、アイヌと同様、他界の妻を訪ねる伝説だった、と考えることができます。

『出雲国風土記』の伝説では、玉日女命が川をのぼってくるワニを阻止しますが、その理由も、夫を他界に迎え入れないためだった、と理解することができます。

ところで南島の場合、この海の神と山の女神の交流は、そこに暮らす人びとの基底的な世界観になっています。

沖縄のウンジャミとよばれる祭りでは、山の女神が鎮座し、祖霊が住む山頂から、山の女神に扮した神女が集落をとおって海へ道をくだります。そして、海の彼方のニライカナ

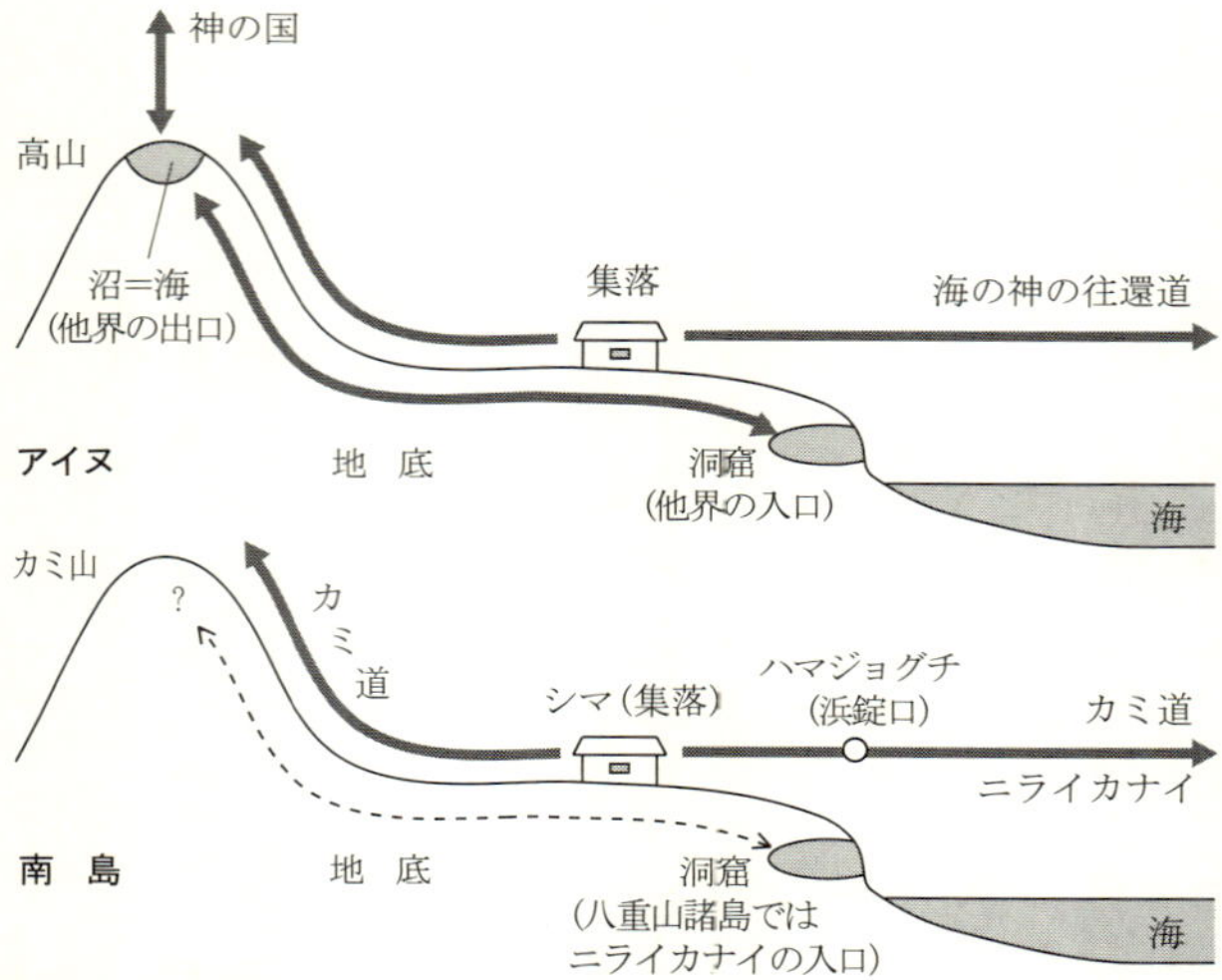

アイヌと南島の他界観・世界観モデル

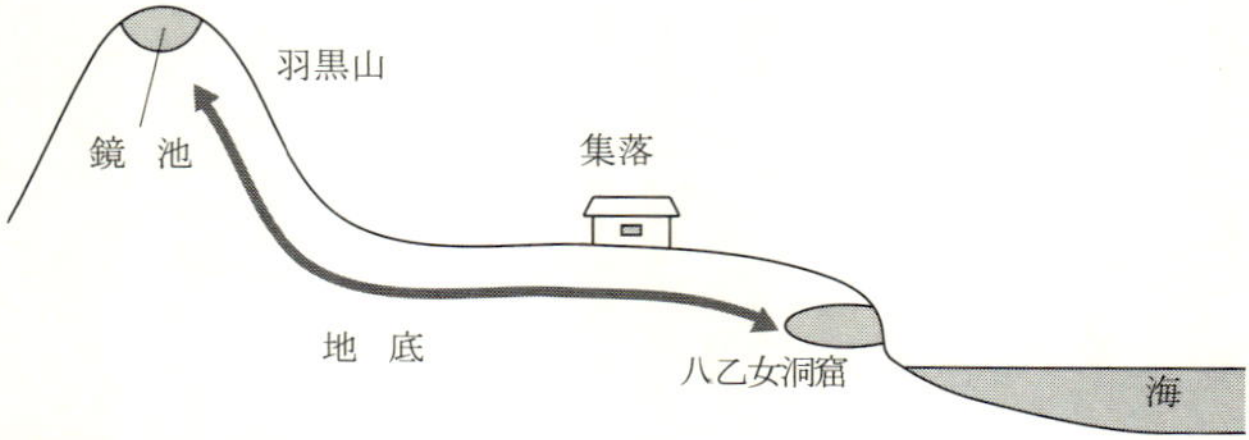

羽黒山と八乙女洞窟の関係

イからやってきた海の神を迎えるのです（上原二〇〇四）。

また奄美では、信仰の対象となっている聖地の「カミ山」の山頂から、ふもとの集落をとおって海辺にいたる、「カミ道」とよばれる一本道が実際に敷設されています。このカミ道は、神や祖霊がカミ山から集落へくだる道であり、ネリヤカナヤ（ニライカナイ）につながっていると考えられています。

つまり奄美では、山と海を往還する神の世界観が、現実の生活空間のなかに実体化されているのです（大西二〇一六）。

このような、山の女神と海の神が交流する南島の世界観・他界観は、まさにアイヌや海民の伝説からうかがわれる世界観・他界観にほかなりません。

修験者との関係

ところで、アイヌ伝説では高山山頂の沼が海であったと語られますが、その理由についても、他界の入口である海蝕洞窟と出口である高山の沼が、地下でつながっていた事実によって理解することができます。

そこで注目したいのは、日本海に面した山形県鶴岡《つるおか》市由良《ゆら》の海蝕洞窟である八乙女《やおとめ》洞窟が、羽黒山の鏡池《かがみいけ》につながっているという伝説です（山口二〇〇三）。

由良は、新潟から津軽のあいだで活躍した海民の拠点と伝えられる地域です。また出羽《でわ》三山《さんざん》のひとつである羽黒山は、同じ鶴岡市にある標高約四〇〇メートルの山で、和歌山県の熊野《くまの》三山、福岡県の英彦山《ひこさん》とともに日本三大修験山とよばれています。

修験道における山は、「死の世界」「死者の世界」として他界とむすびついていますが、とくに出羽三山では、麓で亡くなった人の霊が山頂にとどまるという信仰があり、死者供養が活発におこなわれています（五来二〇〇八）。

修験者の伝説のなかには、ほかにも同じモティーフをもつものがあります。

それは信州諏訪社《すわしゃ》の縁起を説く、甲賀三郎《こうがさぶろう》を主人公とする次のような物語です。ちなみに甲賀三郎の伝説は、室町時代以降の物語本が多数残り、各地で伝えられてきた口碑《こうひ》も多くあります。

近江国（滋賀県）甲賀郡の地頭の甲賀三郎は、妻の春日姫《かすがひめ》を天狗《てんぐ》にさらわれたため、そのあとを追いかける。しかし、二人の兄のはかりごとにより、蓼科山《たてしなやま》の人穴《ひとあな》に突き落とされ、地底の国々を遍歴する。その後、大蛇の姿になって浅間山《あさまやま》の頂上から地上にあらわれ、姫とともに諏訪明神に祭られた。（『神道集《しんとうしゅう》』要旨）

妻をたずねて地底の他界へおもむいた夫が、最終的に山頂へむかうものの、途中妨害にあうというこのモティーフは、アイヌ伝説と一致します。地下の他界の入口が洞窟（人穴）であることも、海民・アイヌ・南島の人びとの他界観と共通します。

福田晃《ふくだあきら》は、この伝説の成立について、熊野修験と関係の深い甲賀の陰陽山伏《おんみょうやまぶし》の一群に甲賀三郎の物語を語る一派がおり、かれらが修験派の諏訪神人《すわじにん》と接触するなかで、信州にこの伝説が広がったのではないか、と指摘しています（福田一九六二）。

また西郷信綱《さいごうのぶつな》は、この伝説が、洞窟を経て地底の世界をめぐる黄泉の国の神話に呼応するものである、としています（西郷一九九三）。

注目したいのは、洞窟から地底の他界を経て、浅間山の山頂から出てきたというモティーフです。大蛇（竜）になって出てくるのですから、浅間山の山頂には沼があったと考えたいところですが、実際、蛇になった三郎は、浅間山の修験信仰とかかわりが深い、真言宗真楽寺《しんらくじ》（長野県御代田町《みよた》）境内の湧水池からあらわれた、という伝説も伝えられています。

この伝説は、甲賀三郎が狩猟の名手とされることから、狩猟神とされる諏訪神の縁起にふさわしいとされます（松本一九七六）。ひょっとすると、山間の狩猟民のあいだでも、このような洞窟と山頂をつなぐ他界の伝説が語られていたのでしょうか。

気になるのは、甲賀三郎の出身地である近江に、海民である阿曇氏由来の地名（伊香《いか》郡安曇郷）が存在した事実です（『和名類聚抄《わみょうるいじゅうしょう》』）。伊香郡は、琵琶湖北部の現在の長浜市《ながはま》であり、琵琶湖水運の要衝として知られています。この伝説には、琵琶湖の海民のあいだで伝承されていた伝説が反映されていたのかもしれません。

洞窟と修験者

調べてみると、洞窟と山頂がつながっているという伝説をほかにもみつけることができました。それらはいずれも修験者と深いかかわりをもつものです。

たとえば、日本海に面した新潟県新潟市の妙光寺《みょうこうじ》の裏には海蝕洞窟があり、これが燕市《つばめ》の国上山《くがみやま》にある真言宗国上寺《こくじょうじ》本堂裏の洞窟につながっている、と伝えられます（小川二〇一一）。この国上寺は、八世紀初頭の創建と伝えられる越後最古の寺であり、越後の修験道の中心道場です。

また、神奈川県藤沢《ふじさわ》市の江《え》の島《しま》にある海蝕洞窟が、相模原《さがみはら》市の石老山《せきろうさん》にある真言宗顕鏡寺《けんきょうじ》裏の洞窟、あるいは愛川《あいかわ》町八菅山《はすげさん》にある覚養院《かくよういん》の修験者行場《ぎょうば》の洞窟、同じ愛川町の角田《すみだ》八幡《はちまん》神社の洞窟などにつながっているとの伝説が、修験者によって語られてきました（藤沢市教育文化センター編一九九九）。

島根県松江市では、日本海に面した沖泊浦《おきどまりうら》の多古《たこ》の七つ穴とよばれる海蝕洞窟が、臨済《りんざい》宗華蔵寺《しゅうけぞうじ》のある枕木山《まくらぎさん》につながっている、という伝説が知られています（松江市二〇一七）。枕木山は、島根半島の北山《きたやま》山系を代表する標高約四五〇メートルの山であり、華蔵寺の創建は修験道の行場にかかわるとされます。

海辺の洞窟ではありませんが、石川県中能登《なかのと》町西馬場《にしばば》の穴が、北陸の修験道の中心道場である石動山《せきどうさん》の山頂（御前山）につうじている、という伝説もあります（鹿島郡自治会編一九二八）。石動山についてはまた、山頂の鰯ヶ池《いわしいけ》と、富山湾の氷見《ひみ》市灘浦《なだうら》沖合の虻ヶ島《あぶしま》の石清水の底がつうじているともいわれます（北見一九八九）。

九州の場合、その修験道の特色は洞窟信仰にあるとされ、洞窟に籠もって修行をおこなう参籠《さんろう》洞窟、洞窟に入ることで一度死んで生まれ変わる胎内窟《たいないくつ》、経や遺骨を洞窟に納める納経洞窟や納骨洞窟の信仰がみられます（五来二〇〇八）。

いずれにしても、山頂と洞窟が地下の死霊の世界をとおしてむすばれており、山頂をその出口とする修験者の認識は、アイヌの他界観とまったく同じ構造をもつものなのです。

なぜ聖域をヤマとよぶのか

他界としての高山と海民をめぐって、もうひとつ興味深い事実があります。

それは、国立国語研究所の「日本言語地図」のなかで、「お宮の境内などに木が一か所に集ってこんもりと生えている場所のことを何と言いますか」という質問によって得られたことばの分布です。図は同所のホームページで閲覧できますので、参照してみてください。

全国に広く分布するのは「モリ（森）」あるいは「ハヤシ（林）」です。しかし、これを「ヤマ（山）」とよぶ地域があります。九州南部と南島に濃密に分布し、さらに九州北西部、瀬戸内海沿岸、太平洋沿岸各地、北関東、東北北部に分布がみられます。

注目したいのは、太平洋沿岸では四国の足摺《あしずり》岬と室戸《むろと》岬、志摩半島の大王崎《だいおうざき》、静岡の御《お》前崎《まえざき》、利根《とね》川河口の犬吠埼《いぬぼうさき》など、おもな岬の突端付近にかならず分布していることです。それ以外でも、聖域の森をヤマとよぶ地域は沿岸部を中心に分布しており、海民との関係を強く示しています。

佐藤亮一《さとうりょういち》は、このヤマについて、「分布から見るとヤマがハヤシ、モリよりも古く、かつては全国に広く分布していたと思われる」と指摘しています（佐藤二〇〇二）。つまり、もともと北海道をのぞく日本列島全域にヤマの呼称が分布しており、その後ハヤシやモリという新しいことばに置き換わった、というのです。

これは、文化的な中心地で新しいことばが生まれると、それが水滴の波紋のように広がり、それまで使われていたことばが周縁に残存するという、方言周圏論的な考え方であるとおもわれます。

しかし、ヤマの分布は沿岸部に強く偏っており、文化的中心である畿内からの遠近とは関係がないようにみえます。海民が聖域をヤマとよんでいたとすれば、そこには山をめぐるかれらの他界観がかかわっていた、と考えることができそうです。

ところで、アイヌの他界にかんする話のなかには、亡くなった両親を夢のなかで訪ねた息子が、親から次のように懇願された話があります。

私たちは、同じ他界の親戚縁者たちを招いて宴を催したい。しかし、十分なご馳走が用意できず、肩身の狭いおもいをしている。どうか、われわれ夫婦のために祖先供養をし、たくさんのご馳走を供えてほしい、というのです(藤村一九八五)。

他界の往還譚は、おそらくこのような祖霊の祭儀とかかわっていたにちがいありません。『肥前国風土記』の伝説では、海の神は「毎年」山の女神のもとへむかい、そこに二、三日とどまります。これはおそらく、年に一度大がかりにおこなわれていた、古代海民あるいは縄文時代の祖霊祭儀の実態を反映するものであったとおもわれます。

黄泉の国神話との関係

このようなアイヌと海民の他界往還譚は、よく知られている記紀の黄泉の国の神話とも呼応するものである、と私は考えています。
『古事記』の黄泉の国の神話は、次のようなストーリーです。

イザナキは、亡くなった妻のイザナミを恋しくおもい、黄泉の国へむかう。すると他界の御殿のなかにいたイザナミは、「黄泉の国の食事を口にしてしまったので、もう帰ることはできないが、黄泉の国の神と交渉してみる」という。イザナミは「そのあいだ私の姿をみてはいけない」と命じる。イザナキがのぞきみると、イザナミは腐敗した遺体となっていた。恐ろしくなり、逃げ帰ろうとするイザナキを、イザナミら黄泉の国の人びとが追ってくる。あの世とこの世の境である黄泉比良坂《よもつひらさか》で、イザナキがそこに生えていたモモの実をとって投げつけると、黄泉の人びとは退散する。しかし、なおもイザナミが追ってくるので、イザナキは岩で黄泉比良坂をふさいだ。（要旨）

『古事記』では、「この黄泉比良坂は今の出雲国のイフヤ坂と伝えられる」としていますが、このイフヤ坂は現在の松江市東出雲《ひがしいずも》町、中海《なかうみ》に面した黄泉比良坂《よもつひらさか》に比定されています。

この神話は、夫が他界の妻のもとへむかうというモティーフが、アイヌと海民の他界往還譚に共通していますので、もともとは、この地域の海民神話だったと考えられそうです。

さらに、アイヌの他界伝説のなかでは、死者の世界の食べ物を口にすると、生者の世界にもどってくることはできないとされますが、これが黄泉の国の神話の、いわゆる黄泉戸《よもつへ》喫《ぐい》の思想と共通することは、はやくから指摘されてきました（久保寺二〇〇一）。

ただし、黄泉の国の神話と、アイヌと海民の伝説では、モティーフがことごとく反転しています。

まず、アイヌと海民の伝説では、「他界へやってくる夫」を妻が阻止しますが、黄泉の国の神話では、「他界から逃げようとする夫」を妻が阻止します。

また、『出雲国風土記』では、「妻が夫を石でふさいで阻止」しますが、黄泉の国の神話では、「夫が妻を石でふさいで阻止」するのです。

また、アイヌの他界伝説では、亡くなった妻に会おうとする夫が、洞窟をとおって死者の世界へやってきますが、死霊の世界の人びとは男に汚い食物を投げつけ、かれを追い返します（久保寺二〇〇一）。アイヌ伝説のなかで、山の女神のもとへむかう海の神が、途中さまざまな神々の妨害にあう理由は、この他界伝説によって理解できます。

これにたいして黄泉の国の神話では、「夫が死霊の世界の人びとに追い返される」のではなく、「夫が死霊の世界の人びとを追い返す」のです。

さらに、アイヌ伝説では、死者が夫に投げつけたのは「穢《けが》れた食物」ですが、黄泉の国の神話では、夫が死者に投げつけたのは、モモという神仙思想とむすびついた「聖なる食物」なのです。

反転するモティーフ

このようなモティーフの反転は、隼人の祖である南九州の海民の神話に由来するとされる、『古事記』の海幸彦《うみさちひこ》と山幸彦《やまさちひこ》の神話にもうかがうことができます。

海幸彦である兄のホデリノミコトと、山野で狩猟に従事する弟のホオリノミコトがいた。山の神であるホオリノミコトは、兄に借りた釣針をなくすが、これをとりもどすため海の宮へいき、そこで海の神の娘であるトヨタマビメと夫婦になる。海の宮からひとりでもどってきたホオリノミコトのもとへ、トヨタマビメがたずねてくる。彼女はホオリノミコトの子を身ごもっており、海辺の産屋《うぶや》で出産する。トヨタマビメは「産屋では本来の姿になって産むので、私をみてはいけない」と命じるが、ホオリノミコトがのぞきみると、トヨタマビメは大きなワニになり、くねくねと這っている。恐ろしくなったホオリノミコトが逃げだすと、トヨタマビメは子どもを置いたまま海の国に帰り、海につうじる一本道をふさいでしまう。しかし、二人はたがいをおもう気持ちをおさえることはできなかった。（要旨）

醜い姿に変身した妻におどろいて夫が逃げだし、それに怒った妻が道をふさいでしまうというこの神話は、黄泉の国の神話と相似のモティーフをもつものです。

そしてここでも、「妻であるべき山の神を夫」とし、「夫であるべき海の神（ワニ）を妻」とする、アイヌと海民の伝説の反転がおこなわれているのです。

アイヌの伝説では、他界へやってきた夫にたいして、「私のことは忘れてシャチの女神を妻とせよ」と妻が諭し、夫はその説得をなんとか受けいれようとします。しかし、愛する妻が醜い腐乱死体や這いまわるワニに変身し、これにおどろいた夫が逃げだす黄泉の国や海幸彦・山幸彦の神話は、死に別れた妻へのおもいを断ち切れない物語の結末としては、いかにも不自然です。そもそもアイヌや海民の伝説では、山の女神は美しく慕わしい存在なのです。

このような不自然さは、海民が伝えていた伝説の、意図的な反転によって生じたことを意味しているのではないでしょうか。

3　縄文神話とその変容

縄文起源の神話

以上みてきた海民、アイヌ、南島の人びとの伝説では、海と山の二元的な世界観が語られており、その二つの世界は他界によって有機的にむすびついていました。そのむすびつきは、洞窟と高山という現実の空間をつうじて可視化され、生者である海の神と死霊・祖霊である山の女神の交流という神話によって論理的に了解されていたのです。

このような世界観が、日本列島周縁の非農耕を中心とする人びとのなかで共有されていた事実は、これがかつて日本列島に広く存在した世界観であり、縄文時代にさかのぼる世界観であった可能性を示唆します。先にのべたように、洞窟を他界の入口とする観念は、明らかに縄文時代に起源をもつと考えられるのです。

和田萃《わだあつむ》は、海幸彦・山幸彦の神話をとりあげ、「この神話伝承の段階では、まだ稲穂が稔る葦原《あしはら》の中つ国の領有、あるいは統治ということは問題となっていない」、つまりこの海民神話は、海と山の二元的な構造をもち、水稲耕作がおこなわれる平地の世界はふくまれていない、とのべています（和田二〇〇八）。この平地を欠落させた世界観は、縄文的な世界観といえそうです。

和田はまた、海の神であるワタツミの神が、自分は川の水をも支配するといったことから、海の神は川も領有していたと指摘しています。川は海に帰属し、海から続く世界と認識されていたのです。

そこで注目したいのが、アイヌの川にかんする観念です。かれらにとって川は、山に発して海へむかうものではありません。反対に「川は海から陸へ上って、村のそばを通って、山の奥へ入りこんで行く生物」なのです（知里一九七四）。

このアイヌの川の観念は、海の神が川をのぼって山中へむかう伝説のモティーフそのものです。川を海に帰属する世界とするこの認識、すなわち海を中心とする世界観もまた、縄文の世界観だったのではないでしょうか。

なお、修験者の信仰は、各地の道場の縁起に狩猟者が深くかかわっていることから、縄文性をとどめるものではないかと指摘されてきました。かれらの伝説にアイヌの他界伝説と共通するモティーフがあり、他界の空間的構造がまったく一致することからすれば、その可能性は十分に考えられそうです。

農耕民のなかの継承と断絶

では、農耕民にとって、この山の神や海の神はどのような存在だったのでしょうか。

農耕民の民俗誌をみると、かれらにとっての山の神は、春になると里にくだって田の神となり、秋には収穫を祝う祭りを終えて山に帰る、往還する神です。さらにこの山の神は一般的には女神であり、山上の他界に坐す祖霊とも考えられています。

この往還する神の世界観は、縄文的な世界観と共通します。しかし、山の女神の往還は平地の田畑にとどまり、海への往還は閉ざされています。

つまり、山の神をめぐる農耕民の世界観は、「海」と「山」という縄文の二元的な世界観が、農耕地である「平地」と「山」という二元的な世界観に変形されたものであり、したがって縄文の世界観の継承であると同時に、その構造的な変容だったといえそうです。

この縄文の世界観の変容のなかでとくに重要なのは、海の神が失われたことであり、川が海の神に帰属しない一種の無主地となったことです。

この無主地化は、川の「所有権」を田畑のある平野へ移転するため、つまり川の水利を農耕民の世界に帰属させるため、不可欠なものであったといえます。農耕民の二元的な世界観は、縄文の世界観をもとに成立したとみられますが、そこには決定的な断絶が存在したことになるのです。

ところで、農耕民の民俗誌のなかの山の女神は、海魚のオコゼを好むとされ、これを神前に供えます。その奇妙なロジックの解明は、民俗学の大きな研究テーマとなっており、山の女神が醜いため自分より醜いオコゼをみて喜ぶのだ、といったさまざまな説が唱えられてきました。

たしかに、山の神が山と平野を往還する存在である以上、そこに海の魚が介在する理由はうまく説明できません。しかし、これを縄文的な世界観の変容、つまり海の神が失われるなかで残存した、コンテクストを失った断片と考えれば説明が可能です。実際、千葉徳《ちばとく》爾《じ》や谷川健一《たにがわけんいち》は、オコゼは海の神の象徴であり、これを供えるのは山の女神と海の神の婚姻をあらわすものだ、と考えていました（千葉一九七一・谷川二〇〇四）。

民俗学では、山の神がなぜ女神なのかについても議論されてきましたが、これも縄文の世界観の残存によって説明が可能なのです。

ちなみに現代の海民のあいだでは、海の神と山の神の両方が信仰されています。たとえば気仙沼地方の漁師の場合、五葉山《ごようざん》、早池峰山《はやちねさん》、岩手山を霊山として信仰し、一〇日ほどかけて全山に登拝する「南部参詣」をおこなっていました（川島二〇〇二）。これは、漁民自身が海と山を往還する神をなぞるもの、ということができるかもしれません。

変容のパターン

農耕民のなかで変容した縄文の世界観が、すべて平野へ往還する山の女神という単一のパターンに収束していったのかといえば、そうではありません。海の神が失われておらず、かれが山の女神のもとを訪れる、縄文の世界観を色濃くとどめる信仰や伝説もみられます。

たとえば、江戸時代に伝えられていた宮崎県串間《くしま》市の岩淵明神《いわぶちみようじん》の由来譚では、海のなかから異人がやってきて洞窟に入り、二五人の子どもを産みます。そして、山中に祀《まつ》ったこの子どもたちの祭礼が正月一五日におこなわれますが、そこでは村中総出で狩りとった獣の肉を捧げます。洞窟には神主が骨と内臓を献じます。この洞窟には大蛇が祭られているようであり、雨乞いには霊験がある、というのです。

永松敦《ながまつあつし》は、この由来譚のなかで山の獣が供えられるのは、海の神（異人）が山の神でもあったからだとし、このような伝説は九州南部東海岸の特徴であるとしています（永松二〇〇七）。

この伝説は、海の神が山へむかうという点で縄文神話のモティーフをとどめるものです。海の神と洞窟のむすびつきも、縄文の他界観をおもわせます。神話の故郷といわれる宮崎県を中心とした九州南部東海岸は、縄文的な世界観がより強く残存していた地域だったのかもしれません。ここが隼人の地であったことをおもいだしていただきたいとおもいます。

ただし、注意したいのは、この伝説では海の神がもはや往還する存在ではないという事実です。海の神は山へむかったまま、ふたたび海へもどることはありません。これは、農耕民のなかで海の神が失われていく過程を示す、ひとつの事例と考えてみることもできそうです。

さらに、この伝説に山の女神は登場しませんが、これは本来、海の神が山の女神のもとを訪れ、子をなしたことを意味していたとおもわれます。しかし、縄文的な世界観のもとでは、他界の女神と生者のあいだに子をもうけることはできなかったはずですから、これも縄文神話とは決定的に異なる点です。

海の神と山の女神の婚姻

海の神と山の神が子をもうけるモティーフはほかにも、『古事記』の海幸彦と山幸彦の神話にみられます。そこでは、山の神であるホオリノミコトが、海の女神であるトヨタマビメと子をもうけるのです。『日本書紀』では、出雲の神であるコトシロヌシがワニとなって山の神であるミシマミゾクイヒメと結婚し、子をなしたとされます。

また、秋田県北秋田市阿仁《あに》町のマタギのあいだでは、なくした釣針をさがしにやってきた海の神のエビスが山の女神と婚姻し、女神は山中で出産した、と語られていました（柳田一九六四）。ちなみに、釣針をなくしてこれをさがすというモティーフは、『古事記』の海幸彦と山幸彦の影響をうかがわせるものです。

海の神であるエビスの神体が霊山の山頂にかつぎあげられ、漁民の豊漁祈願の対象となっている例は各地でみられますが（北見一九八九）、これも海の神と山の神がむすばれて多くの子をなすという認識にもとづくものでしょう。

さらに、農耕民の民俗誌のなかでは、先にのべたように山の神は女神とするのが一般的ですが、なかにはこれを夫婦神とする地方もあります（堀田一九六六）。この認識も、海の神と山の神の婚姻という観念にもとづくものかもしれません。先に指摘したように、千葉徳爾や谷川健一は、オコゼは山の女神と海の神の婚姻をあらわすものと指摘していました。

海の神と山の神が子をなすモティーフは、弥生時代以降に生じた縄文的な世界観や神話の変容の、もうひとつのパターンであり、海の神がいまだ失われていないという点で、より古層をとどめるものと考えられそうです。

このパターンの伝説が、村中総出で狩猟をおこなっていた宮崎県山中の人びとや、狩猟で生計を立てる秋田県のマタギ、各地の漁民など、狩猟や漁撈と親和性の強い人びとのなかで語られていた事実は、縄文性をとどめる古層の伝説という解釈を支持するものとおもわれます。

ただし、前節でのべた『古事記』における縄文神話のモティーフの徹底的な反転については、このような農耕民のなかで生じた自然発生的な変化とはおもむきが異なっており、通俗的な物語性を高めるための、王権による縄文神話の意図的な改変をおもわせます。

民俗信仰のなかでは、山の女神は醜いとされていますが、これについても、縄文神話では美しいと語られる山の女神を醜い腐乱死体や這いまわるワニに反転した、王権神話の影響と考えてみることができるのではないでしょうか。

共通する海民の神話

アイヌの伝説には、ほかにも記紀神話と同じモティーフをもつものがある、と私は考えています。

ひとつは『古事記』の海幸彦と山幸彦の類話です。

『古事記』では、山の神である弟のホオリノミコトが、海の神である兄のホデリノミコトから釣針を借ります。ところが、山の神はそれを海中でなくしてしまい、海の神から釣針を返せと責めたてられます。こまった山の神は、塩椎神《しおつちのかみ》（海流の神）がつくった船で海の宮殿へむかいます。

一方、アイヌ伝説では、山の神であるクマとワシの神が、村の神であるフクロウの漁小屋にあった銛を借りて漁をおこないます。ところが、銛の柄が折れて魚ごと逃げられ、山の神は村の神から銛を返せと責めたてられます。こまった山の神のワシは、海の神のシャチにありかをたずねようと海中の美しい小島へむかう、というのです（久保寺一九七二）。

もうひとつ、同じ海幸彦・山幸彦と共通する話があります。

『古事記』では、海の宮殿から帰ってきた山の神が、乗ってきたワニに小刀を帯びさせて帰したことから、それ以降、ワニは「さひ持ち神」、つまり刀剣（さひ）をもつ神とよばれることになった、としています。

アイヌ伝説でも、船の化けものに追われた男が、海の神に助けをもとめ、「太刀持ちの大神よ！」とよびかけます（久保寺一九七二）。アイヌもまた、海の神は刀をもつ神と考えていたのです。

この海の神と刀剣をめぐる神話は、『日本書紀』神武《じんむ》天皇条にもみられます。天皇の兄であるイナヒノミコトが、熊野の海で暴風にあった際、「わが先祖は天の神であり、母が海の神であるのに、なぜ苦しめるのか」といいながら、これを鎮めるため剣を抜いて海に入り、「さひ持ち神」になったというのです。

これは熊野の海民の神話とされますが、海に入ったイナヒノミコトは海の神になり、その証が刀剣だったのです。

一方、アイヌ伝説では、神の子孫である老人が二人の息子をつれて船に乗っていたところ、海の神たちが泳いできます。すると息子のうち兄は、「私たちは天の神の子孫であるから、海の神にもならなければなりません」といって、櫂《かい》を手に海の神たちのなかにとびこみ、しばらく経つと刀に変わった櫂をもってでてきます（河野一九三一）。つまり、海に入った兄は海の神になり、その証が刀だったのです。

アイヌ伝説と共通するモティーフをもつこのような記紀の神話が、いずれも海民の神話とされている点に注目したいとおもいます。

『古事記』が伝わったのか

では、このような記紀神話とアイヌ伝説の一致は、なにを意味しているのでしょうか。

これらの神話・伝説は、すべて日本列島の縄文起源の神話であり、そのためアイヌのなかにも共通するモティーフがみられるのだ、と断定できるのかといえば、そう簡単ではないようです。

たとえば、海の神が刀剣によって象徴されるモティーフですが、アイヌのなかに刀が流通するのは続縄文時代後期(古墳時代)です。この伝説をただちに縄文神話とするのはためらわれます。

では、これらが日本列島に普遍的に存在した縄文神話ではなく、北海道へ渡海した本州の人びとがアイヌに記紀神話をおもしろおかしく語り聞かせ、アイヌはそれを伝承してきたと考えるべきなのでしょうか。

縄文神話とした海と山の神が往還するモティーフをのぞけば、おそらくそれがもっともありうる可能性です。

ただし、海幸彦と山幸彦のような複雑なストーリー性に富む物語であればともかく、イナヒノミコトが海に飛びこんで刀をもつ神になったという、『日本書紀』のごく短いエピソードがアイヌに語られ、それが伝えられてきた可能性は考えにくいのではないでしょうか。

そもそも、イナヒノミコトのエピソードと類似するアイヌ伝説は、わずか数行の短い話ではありません。

そこでは、先に紹介した内容に続けて、海の神になった兄を残して老人と弟が石狩川の長流をさかのぼり、山の幸豊かな大雪山《たいせつざん》のふもとに住みついたと語られます。これは、海の神になった兄にたいして、弟が山の神になったことを暗示するものであり、そこにも海幸彦と山幸彦の神話との相似性が認められますが、いずれにしてもこの伝説は、イナヒノミコトのエピソードより、はるかに豊かなストーリーで構成されているのです。

アイヌの伝説と共通する記紀神話は、すべて海民の神話です。つまり、これらの神話をアイヌに伝えたのは海民だったのであり、それは王権によって反転・改変された記紀神話ではなく、海民自身が伝承していた、記紀神話の原型といえるものだったのではないでしょうか。さらにその伝播の時期は、海民とアイヌが深く交流していた弥生～古墳時代のことと考えられそうです。

イナヒノミコトの神話についても、本来はさらに複雑なストーリーをもつ原型が海民のなかで語られており、それがアイヌへ伝わったのではないか、とおもわれるのです。

4　伝播した海民伝説――アイヌの日光感精・卵生神話

渡来人の伝説

しかし、これまでのべたところだけでは、古代の海民がアイヌへ神話・伝説を伝えたことに納得していただけない方がいるかもしれません。

そこで、海民からアイヌへ伝説が伝播したことを具体的に示す、ひとつの例をあげてみたいとおもいます。それは『古事記』の、朝鮮半島からの渡来人であるアメノヒホコの伝説です。

朝鮮半島の始祖神話に由来するこの伝説は、朝鮮半島多島海の海民をつうじて西日本の海民のあいだで語られており、『古事記』に収録されたものとは異なる、その異伝のひとつが、弥生～古墳時代の交流をとおしてアイヌの祖先集団に伝わった可能性を指摘してみたいとおもいます。

『古事記』応神《おうじん》天皇条のアメノヒホコの伝説は、次のような話です。

新羅《しらぎ》のある沼のほとりで、身分の低い女が昼寝をしていたところ、日光が陰部にさして妊娠し、彼女は赤い玉を産んだ。ある男が、女からこの玉を入手し、物に包んでいつも腰につけていた。新羅の国王の子であるアメノヒホコが、男からこの玉を手にいれると、赤い玉は美しい乙女になった。アメノヒホコは彼女を妻としたが、いさかいをおこし、彼女は「私の祖先の国にいきます」といって日本に渡り、難波《なにわ》に滞在した。アメノヒホコも彼女を追って日本へ渡ったが、難波に入ることが許されず、但馬《たじま》国に停泊して地元の娘と結婚し、子どもをもうけた。アメノヒホコが新羅国から持参した宝は、二連の玉津宝《たまつたから》、奥津鏡《おきつかがみ》、辺津鏡《へつかがみ》、浪振るヒレ、浪切るヒレ、風振るヒレ、風切るヒレの八種である。（要旨）

これは、新羅の王族が日本に渡ってきた経過を伝える神話であり、『古事記』のなかでは渡来人の神話として特異な位置を占めるものです。

朝鮮半島の始祖神話では、たとえば高句麗《こうくり》国の始祖である朱蒙《しゅもう》の誕生譚の場合、扶余《ふよ》の王が連れ帰った娘を部屋のなかに幽閉していたところ、日光がさして娘が妊娠し、大きな卵を産み、その卵から朱蒙が生まれたとしています（『三国遺事《さんごくいじ》』巻一）。この高句麗の始祖神話は、日光によって娘が妊娠する点、さらに卵を産む（ただしアメノヒホコでは「赤い玉」）という点が、アメノヒホコと共通しています。

日光によって女が妊娠するというモティーフは、いわゆる「日光感精説話」とよばれるもので、蒙古《もうこ》、鮮卑《せんぴ》、契丹《きったん》、高句麗など北東アジア諸民族の始祖神話に知られています。

また、卵を産むというモティーフは、王や支配者の祖先が卵から生まれたという、いわゆる「卵生説話」として知られているものです。これは台湾、フィリピン、フィジー、インド、ミャンマーなど、おもに南アジアからインドネシアにかけてみられますが、朝鮮半島でも新羅、伽耶《かや》など古代の王朝の始祖伝承に多くみられます（三品一九七一）。

日光感精と卵生というモティーフをもつアメノヒホコ神話は、このような朝鮮半島の始祖神話に由来するものと考えられています。

日本列島の日光感精説話と卵生説話

日本の場合、日光感精説話は、九州では鹿児島県霧島《きりしま》市の大隅正八幡宮《おおすみしょうはちまんぐう》（鹿児島神宮）の縁起譚と、長崎県対馬の伝説上の人物である天道《てんどう》（天童）法師の出生譚の二つが知られているだけです。

大隅正八幡宮は、和銅《わどう》元年（七〇八）の創建と伝えられ、『延喜式《えんぎしき》』では「鹿児嶋神社」の名で薩摩・大隅・日向《ひゅうが》で唯一の大社とされている、たいへん由緒のある神社です。その縁起では、中国の大王の姫が夢のなかで陽の光がさして身ごもり、王子を産みます。王がこれを怪しみ、母子を船にのせて海に流したところ、日本の大隅の海岸に漂着したとされています（『惟賢比丘筆記《いけんびく》』『神道集』）。

対馬の『天道法師縁起』は、法師の母が太陽にむかって放尿していたところ、日光に感じて身ごもり、法師を産んだとしています。天道法師の母は、大隅正八幡宮から正八幡神を氏神に勧請《かんじょう》した、あるいは彼女自身が正八幡神であったという、大隅正八幡宮との深い関係が伝えられていますので、両者の日光感精説話は、この関係のなかで共有されてきたものとみられます（福田一九九二）。

さらに日光感精説話は、喜界《きかい》島、奄美《あまみ》大島、徳之島、沖縄本島北方の与論《よろん》島、宮古諸島の来間《くりま》島、伊良部《いらぶ》島、多良間《たらま》島で採集されています。それは、司祭者や氏神などの出生譚であり、外に出ないで家のなかにいた娘が、便所に座っていて、あるいは庭で昼寝していて日光によって妊娠し、男あるいは女の子を産むというものです。

一方、日本における卵生説話は、宮古諸島で伝承されているだけですが、これも日光感精説話のモティーフをもつとされています（同前）。

南島の日光感精説話は、外に出ないで家のなかにばかりいた娘が日光で妊娠したと語られますが、これは先の高句麗の始祖神話のなかで、部屋のなかに幽閉していた娘が日光で妊娠したというモティーフと一致します。

また奄美大島では、日光感精によって生まれた神の子が船に閉じ込められて海に流され、漂着地で司祭者になったと伝えますが、この船で流されるモティーフは、大隅正八幡宮の縁起譚と一致します（同前）。さらにこのモティーフは、『日本書紀』垂仁《すいにん》天皇条の、アメノヒホコが一人で小船に乗ってきたというモティーフとも関連するものとおもわれます。

南島の日光感精・卵生神話は、朝鮮半島の神話が九州を経由して伝わり、残存したものと考えられそうですが、ここではひとまず、日本列島の日光感精・卵生の説話が、九州の一部と南島で伝承されてきたことを確認しておきたいとおもいます。

アイヌ神話とアメノヒホコ

これまで指摘されたことはありませんが、この日光感精と卵生のモティーフは、アイヌ神話のなかにも認められます。

雲の神が青空の神に嫁がせようとしていた娘が妊娠する。その相手がわからないというので、雲の神は娘を人間界に追放する。娘は、自分で建てた産屋で「二つの糸玉」を産む。娘はこの糸玉を錦に包んで大事にする。糸玉は二人の子どもになり、大きくなると手当たり次第獣を殺して食べるので、文化神アイヌラックルはこの子どもたちと戦うが、倒すことができない。この子どもたちは、太陽の神が雲の神の娘に一目惚れし、その想いが娘の体に入って妊娠し、生まれたものとわかる。アイヌラックルと子どもたちは兄弟になって助けあうことにし、子どもたちはアイヌの始祖になった。
（稲田ほか一九八九：要旨）

この話は、日光感精のモティーフをもつだけでなく、玉から生まれた子がアイヌの始祖になるというモティーフが、卵生説話の特徴そのものです。

アイヌのハルニレ樹皮衣
現存する資料は少ない。旭川市博物館提供。

アイヌの日光感精神話としてはほかにも、太陽の神がハルニレの女神が美しいのに感心し、ちらっとみたら、それで女神が妊娠した、と伝えるものがあります（本田二〇〇三）。

では、アイヌ神話のなかで娘神が産んだ「糸玉」とは、一体どのようなものだったのでしょうか。

後者の神話では、太陽の神によって妊娠させられたのはハルニレの女神です。このハルニレは、アイヌの樹皮衣《じゅひぎ》の繊維原料として知られています。

また前者の神話で、糸玉から生まれた子どもたちと戦ったアイヌラックルは、他のアイヌ神話ではハルニレの樹皮衣を着て登場する神とされており、この樹皮衣はかれを象徴するものになっていました。娘が産んだ糸玉は、ハルニレ樹皮の糸玉とみられます。

さらに、このハルニレの樹皮衣は赤い色をしており、アイヌ神話のなかでその色は炎に譬《たと》えられます。たとえば、アイヌラックルの着ているハルニレの樹皮衣は、裾から炎が燃えている、あるいは裾が焦げていると形容されます。

そのため、物語のなかにアイヌラックルという名前が出てこなくても、あらわれた神が赤い樹皮衣を着ている、あるいは裾が焦げて炎が上がっているとされていれば、それだけでアイヌラックルだということがわかるのです（本田二〇〇三）。

つまり、女神が産んだ糸玉とは「赤い玉」だったのであり、したがって先のアイヌ神話は、娘神が「赤い玉」を産むというモティーフも、『古事記』のアメノヒホコ伝説と一致することになるのです。

なぜ二つの玉なのか

そうすると、アイヌの日光感精・卵生神話は、『古事記』のアメノヒホコの伝説が和人によって語られ、それをアイヌが伝えてきたものだったのでしょうか。

現在サハリン北部に暮らすニヴフは、サハリンアイヌと深く交わっていました。ニヴフはまた、古代の北海道でアイヌと対峙《たいじ》したオホーツク人の末裔とされています。そのニヴフの神話や伝説のなかに、日光感精や卵生のモティーフが指摘されたことはありません。アイヌの日光感精・卵生のモティーフは、北回りではなく、本州から伝わった可能性が高いといえそうです。

もちろん、日光感精・卵生のモティーフが本州から伝わったものではなく、朝鮮半島と日本列島に共通して存在した、縄文時代以前にさかのぼるきわめて古い神話のモティーフであり、それが北海道、九州、南島という周縁に残存した可能性もないとはいえません。

しかし、これがもし日本列島で普遍的な神話であったとすれば、日光感精・卵生のモティーフはさらに色濃く日本の神話・伝説のなかに形跡をとどめたのではないでしょうか。

アイヌ神話では、娘神は「二つ」の玉を産んだとされますが、これは『古事記』のアメノヒホコのモティーフとは異なります。さらに、妊娠させた相手がわからないことを怪しんだ父神が、娘神を追放するというモティーフは、『古事記』のアメノヒホコとは異なり、大隅正八幡宮の縁起譚と一致しています。

実はこの点に、アイヌの日光感精・卵生説話がどのような経過で、どのような人びとによって伝わったのか考える手がかりがあるのです。

語られてきた異伝

この「二つ」の玉をめぐって注目されるのは、アメノヒホコの末裔と語られる神功皇后《じんぐうこうごう》の伝説です。神功皇后の母は、アメノヒホコの子孫のタカヌカヒメとされます。

神功皇后は、急死した仲哀《ちゅうあい》天皇にかわって、臨月にもかかわらず新羅へ遠征し、新羅の降伏後、筑紫に帰って応神《おうじん》天皇を産んだとされます。神功皇后はこの遠征の際、石を腰にはさんで出産を遅らせますが、その石は筑紫国の伊斗《いと》村に残されている、と『古事記』は伝えます。

この石については、『筑前国風土記』逸文の芋湄野《うみの》と、『万葉集』巻五、八一三・八一四番歌序文でもとりあげられています。それによれば、石は宝石のように美しい卵形の「白い」「二つの石」であり、「皇子産みの石」として人びとに崇拝されているとあります。

板垣俊一《いたがきしゅんいち》は、この石の残る地が「うみの」(芋湄野)や「こふのはら」(子負原)とよばれ、また石自体「皇子産みの石」とよばれていたことから、『古事記』の伝説の石は、子の出産を遅らせるものではなく、本来は子の誕生にまつわるものだったとしています(板垣一九九五)。

さらに、『筑前国風土記』逸文の怡土郡《いとのこおり》は、この石が安置されている怡土では、同地の豪族である怡土県主《いとのあがたぬし》の祖先について、高麗国の意呂《おろ》山に天下った「ヒホコ」の末裔とする伝説が語られている、と記しています。そこで板垣は、この石の伝説は、玉を産んだとするアメノヒホコの異伝だろうと指摘しています。

調べてみると、壱岐では神功皇后の伝説が色濃く伝えられてきており、箱崎《はこざき》村（現壱岐市芦辺《あしべ》町）の八幡《はちまん》神社では鎮懐石《ちんかいせき》と月読神石《つくよみかみいし》の「二つ」が、また鯨伏《いさふし》村（現壱岐市勝本《かつもと》町）の本宮八幡《ほんぐうはちまん》神社では鎮懐石「二つ」が、それぞれ神宝になっていました（本山一九三三）。

壱岐の伝説では、赤瀬鼻《あかせばな》の岩が赤みを帯びているのは、神功皇后が皇子を産んだ際に血で染まったと伝えられています。また、勝本町の海岸の白い石に赤い色がついているのも、神功皇后の分娩の血が付着したと信じられています。

八幡神社と本宮八幡神社の神宝になっている「二つ」の石は、ひょっとすると「赤い」石であり、本来は出産を遅らせる鎮懐石ではなく、神功皇后が産み落としたものと語られていたのではないでしょうか。

アイヌ神話で娘神が「赤い」「二つ」の玉を産んだというモティーフは、『古事記』のアメノヒホコではなく、九州北部などで伝承されていた、アメノヒホコのさまざまな異伝のひとつが伝わったことを示していそうです。

海民としてのアメノヒホコ

では、アメノヒホコの異伝がアイヌに伝わったとすれば、それを伝えたのは一体どのような人びとだったのでしょうか。

アメノヒホコが新羅から持参した宝、つまり奥津鏡（沖の鏡）、辺津鏡（海辺の鏡）、浪振るヒレ、浪切るヒレ、風振るヒレ、風切るヒレなどは、航海の際に風波をあやつる呪具です。記紀のなかに登場する海神も、風波や潮をあやつる力をもつとされており、アメノヒホコは海民であったと考えられています。

しかし、アメノヒホコが住みついた地は、現在の兵庫県豊岡《とよおか》市出石《いずし》町に比定されており、そこは日本海から二〇キロメートルも内陸に入ったところです。

そこで歴史学者の久米邦武《くめくにたけ》は、アメノヒホコがなぜ山中の出石に住みついたのか疑問におもい、出石を現地調査して次のようにのべました。

豊岡から日本海に注ぐ現円山川《まるやまがわ》の河口は、東へむかえば丹後《たんご》、若狭《わかさ》、越前《えちぜん》に至り、敦賀《つるが》の山を越えて琵琶湖を渡れば、大和と往来することができる。西へむかえば因幡《いなば》、伯耆《ほうき》、出雲、隠岐《おき》、対馬を経て、あるいは直接、朝鮮半島へ往来することができる。アメノヒホコが出石に殖民した理由は、この交通の要衝という地の利にある。

出石は内陸の山間部にあるが、海が深く入りこんでおり、古代においてはこの入海が港になっていたとみられる。ただし、円山川の下流域は洪水の常襲地帯であり、ひとたび氾《はん》濫《らん》すると、出石より約一〇キロメートル下流の豊岡の市街地は水没する。つまり、出石より下流に拠点を設けることはできなかったのであり、出石こそが古代但馬の海上交通の拠点だった、というのです（久米一九一五）。

この久米の見解を証するように、円山川支流の袴狭川《はかざがわ》流域に形成された出石町の袴狭遺跡群では、サケ、シュモクザメ、カツオ、一五艘の船団などをリアルに線刻した弥生時代後期〜古墳時代前期の木製品が多数出土しており、考古学からも出石周辺が海民集団の拠点になっていたと考えられています。

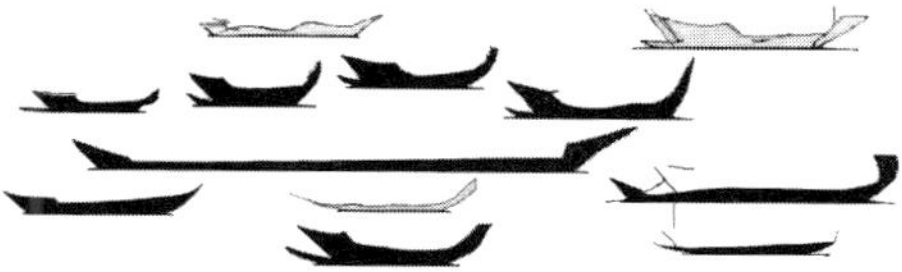
袴狭遺跡出土木製品に描かれた船団
古墳時代前期。兵庫県教育委員会埋蔵文化財調査事務所編(2000)『ひょうごの遺跡』37。

九州の海民とアメノヒホコ

さらに、アメノヒホコの異伝が語られていた、唐津湾に面した筑前国怡土郡（現糸島《いとしま》市）も、『和名類聚抄』（平安時代中期）のなかで海民の拠点地名である「海部《あま》郷」が記されている地域です。ちなみに怡土郡以外の九州の海部郷は、筑前国の那珂郡と宗像《むなかた》郡、豊後《ぶんご》国（大分県）に記載されているだけです。

朝鮮半島多島海の海民と関係が深かった日本の海民のなかでは、かれらをつうじてアメノヒホコに類似する朝鮮半島起源の伝説が各地で語られており、アイヌの日光感精・卵生神話についても、そのひとつが伝わったと考えてみることができそうです。

ところで、平安時代はじめに成立した仏教説話集の『日本霊異記《にほんりょういき》』には、美濃《みの》国方県《かたがた》郡の女が身ごもり、三年後の延暦《えんりゃく》元年（七八二）に「二つの石」を産んだが、それは神の子であったという話が収められています。

南里《なんり》みち子《こ》は、この話では日光感精そのものについては語られていないが、神の子である石を産んだという点で、アメノヒホコ伝説と同じ高句麗の始祖伝説の影響がうかがえる、としています（南里一九八九）。

ここでもアイヌ神話と同じく、女が産んだ石は「二つ」と語られていることが注目されます。これも本来は、九州などで伝承されていたアメノヒホコの異伝に由来する話であったにちがいありません。

神話・伝説の歴史性

このようにみてくると、そもそも縄文神話と考えた海と山の神の往還譚についても、弥生～古墳時代の海民との交流のなかで、海民からアイヌへ伝播したものだったのではないか、とおもわれるかもしれません。

たしかに、その可能性を百パーセント否定することはできません。しかし海民とアイヌは、海と山の神の往還譚だけでなく、海辺の洞窟を他界の入口とし、山頂をその出口とする他界観も共有していました。このような他界観についても、弥生時代以降、海民からアイヌへ一方的に伝播したものであり、それがアイヌの固有な世界観・他界観を全面的に書き換えてしまった、とは考えにくいのです。

そもそも洞窟と他界のむすびつきは、縄文時代の日本列島の全域で認められるものです。さらに海民、アイヌ、南島の人びとが、イレズミや抜歯など縄文の習俗や縄文の生業を受け継ぎ、縄文性を強く帯びた人びとであったことをおもいだしていただきたいとおもいます。かれらが共有してきた海と山の神の往還譚が、縄文起源である可能性はきわめて大きいといえるのです。

アイヌが口頭で伝えてきた神話や伝説のなかにも、当然、複雑な歴史の重層性が横たわっていたにちがいありません。そしてその重層性とは、日本列島の縄文起源の伝説群を基層としながら、弥生～古墳時代には海民が伝えた伝説群をとりこみ、その後も日本の伝説や物語の影響下で、独自の創造と変容を重ねてきたものといえるのではないでしょうか。

縄文時代の神話・伝説は、弥生時代以降二〇〇〇年のあいだに、わずかの痕跡も残さず消え去ってしまったわけではないようです。海と山を往還する神という縄文の世界観は、農耕民のなかにも変容しつつ受け継がれてきたと考えられるのです。

私たちのなかに残る縄文は、わずか十数パーセントの縄文人の遺伝子的特徴だけではありません。周縁の人びとにとどまらず、私たちの文化や世界観もまた、縄文という基層に深く根差しているのです。

第四章　縄文の思想
――農耕民化・商品経済・国家のなかの縄文

1　呪能と芸能

縄文の思想

縄文の世界観・他界観とは、農耕がおこなわれる平地をふくまない、海と山からなる二元的な世界観であり、その海と山を往還する神の観念、またその観念とむすびついた海辺の洞窟と山頂をつなぐ他界観である、とのべました。

奄美や沖縄では、この縄文の世界観が現実の生活空間のなかに具現化され、往還する神が演劇的に可視化されていました。

たとえば奄美では、海から集落をとおって聖地のカミ山にいたる、カミ道とよばれる一本道がつくられています。沖縄の祭りでは、山の神に扮した神女がこの道をとおって山から海へくだり、海の神を迎えるのです。

谷川健一は、このような世界観の現実空間への投影が、たんなる形式的な象徴主義に陥らない生々しいリアリティをもつことに注目しました（谷川一九九四）。おそらく縄文時代の社会においても、人びとの暮らしは、かれらの世界観と分かちがたくむすびついていた

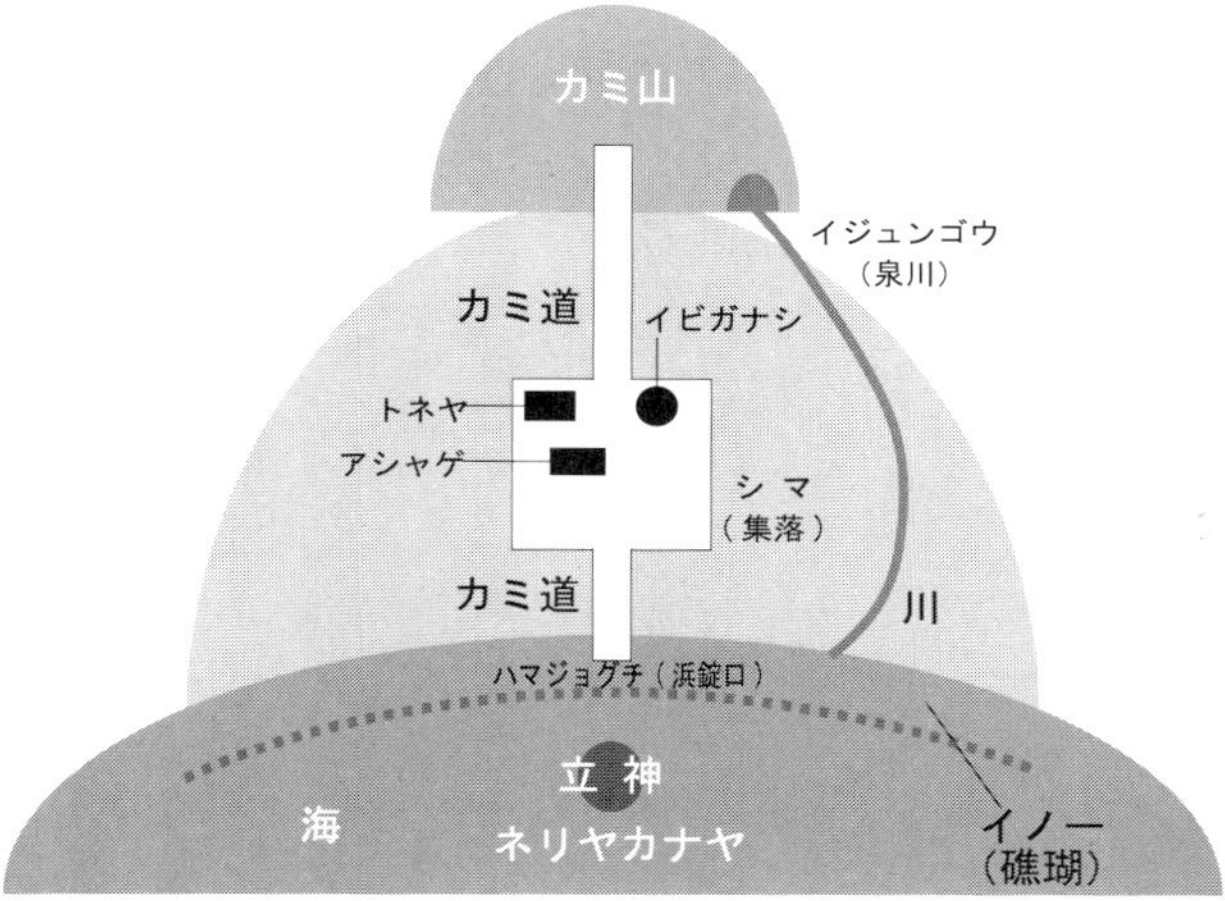

奄美地方の集落景観の概念図
奄美パーク。大西（2016）。

にちがいありません。

　縄文時代の社会は、自然と共存する社会といわれます。しかし、どのような時代であれ、自然に負荷をおよぼさない人間の暮らしがあったわけではありません。そこで、自然との共存はたんに低開発の状態を意味するにすぎない、という批判もあります。

　しかし私は、自然との共存が縄文時代には実現されていたと考えています。それは、負荷の大小や低開発か否かといった問題とは関係なく、自然と構造的にむすびついた世界観・他界観が現実の世界そのものであり、したがって自然それ自体が人びとの生と死を意味づけるものであった、という点においてなのです。

本章では、縄文の世界観や他界観を伝えていた海民、アイヌ、南島の人びとの生き方をとおして、縄文とは何だったのか、縄文の思想とは何かを考えてみたいとおもいます。

狩猟する海民

最初にとりあげるのは、周縁の人びとの縄文性に由来する呪的な能力と、さらにその能力に裏づけられた芸能の問題です。

第二章では、古墳時代の鹿角製刀剣装具が北海道の礼文島から出土しており、この装具を装着した刀は、本州では海民など非農耕民が生産・使用していたことを指摘しました。洞窟など海民の遺跡では、この鹿角製刀剣装具のほかにも、儀式や祭りにもちいられた特殊な杖（儀杖《ぎじよう》）の装飾や、弓の中央部分（弣《ゆづか》）の装飾品など、多様なシカ角の製品が生産されていました。

製作途中の鹿角製刀剣装具が出土していることから、その生産遺跡と考えられている福井県浜禰遺跡と大阪府小島東遺跡をみると、海浜部の遺跡であるため魚類の骨がみつかっているのは当然として、イノシシやシカなど陸獣の遺存体も大量に出土しています。

浜禰遺跡で出土したシカの頭骨には、脳漿《のうしよう》をとりだすための熟練した解体痕がみられるため、この遺跡の海民たちは皮なめしなどをおこなって、農耕社会に供給する皮革の生産にも従事していたのではないか、と指摘されています（山田二〇一六）。脳漿となめしの関係については、たとえば『延喜式』（九二七年）内蔵寮《くらりよう》にシカ皮のなめしに脳漿をもちいるとあるとおりです。

シカ、イノシシなど陸獣の骨は、この二遺跡だけでなく、洞窟遺跡など他の海浜遺跡でも出土しています。銛頭など漁撈具の多くはシカ角や獣骨をもちいて生産されており、実際、海浜の遺跡では多くの骨角製品やその未製品がみつかっています。つまり、骨角素材の入手という意味でも、海民にとって狩猟は必須の生業だったのです。

第一章でのべたとおり、高度な技術と経験を要する海民の漁撈や海獣猟は、縄文の伝統を受け継ぐものと考古学的に考えられています。そうである以上、海民の陸獣狩猟についても、縄文時代の狩猟文化が継承されていたとみてまちがいありません。そもそも、多面性をみせる生業のありかた、つまり非モノカルチャー的な生業こそ、縄文の特徴なのです。

卜部・亀卜・卜骨

この海民と狩猟の関係をよくあらわすのが古代の卜部《うらべ》です。

隼人の地でおこなわれた亀卜

鹿児島県指宿市敷領（しきりょう）遺跡出土の鉄製甲台（7〜9世紀）。卜甲を模した木製品を収める鉄製の箱。律令国家の出先機関でおこなわれた卜占にかかわるものとみられる。指宿市考古博物館編（2002）。

卜部とは、律令国家で祭祀をつかさどる官庁の神祇官《じんぎかん》に属していた人びとです。かれらは、祟《たた》りによって王権に危機がおよぶような怪異が生じた際、亀卜《きぼく》（カメの甲羅に熱した火箸などをあて生じた割れ目で吉凶を占う）をおこない、怪異を管理することを職務としていました。

卜部は神祇官に二〇人配置されることになっており、壱岐と伊豆から五人ずつ、対馬から一〇人と定められていました。この壱岐、対馬、伊豆はいずれも海民の拠点地域であり、かれらは海民であったと考えられています（折口一九九五b・西郷一九九九ほか）。

卜部（占部）の姓をもつ人びとは、この三つの地域のほかにも、筑前、因幡《いなば》、安芸《あき》、武蔵《むさし》、下総《しもうさ》、上総《かずさ》、安房《あわ》、常陸《ひたち》、陸奥《むつ》国など全国にいたことが、史料や遺跡から出土した木簡によって明らかになっています。この木簡にはアワビなど海産物の荷物に付けられたものもあるので、各地の卜部も海民であったと考えられています（大江二〇〇六）。

この亀卜と似た占いの方法に、第二章でのべた卜骨《ぼっこつ》があります。シカの肩甲骨などに熱した火箸などをあて、それによって生じたヒビで占うもので、北海道でも出土していることを紹介しました。

卜骨は、弥生時代に朝鮮半島をつうじて日本へ伝わり、平安時代の一〇世紀ころまで各地でおこなわれていました。その間、大陸や朝鮮半島から新たな卜占方法が波状的に伝わり、骨に焼き目をつける方法（焼灼《しょうしゃく》）や道具などが変化していきます。

笹生衛《さそうまもる》によれば、このような大陸から波状的に伝わった新たな卜占方法のひとつがカメの甲羅をもちいた亀卜です。これは六世紀に出現し、壱岐、対馬、三浦半島、東京湾岸などの遺跡で出土しています。焼灼の方法の共通性から、卜骨と亀卜はたがいに関係するものであったと考えられています（笹生二〇〇六）。

海民と占い

亀卜は、九世紀になると地方の遺跡ではみられなくなってしまいます。このことは、亀卜が中央の神祇官に集約され、国家によって一元的に管理されるようになったことを示しています。

日本列島と朝鮮半島の卜骨出土遺跡
黒丸は弥生時代、白丸は古墳時代遺跡。ただし朝鮮半島は初期鉄器時代〜統一新羅時代を黒丸で示す。神澤（1990）および金（2002）から作図。

一方、卜骨については、東国の遺跡を中心に亀卜よりやや遅れて一〇世紀までみられます。しかし亀卜も卜骨も、一一世紀前後になると伊豆の卜部の出身である卜部《うらべ》兼延《かねのぶ》がその職務を独占し、その後は卜部神道（吉田神道）として継承されていくことになります（神澤一九九〇）。

卜甲《ぼっこう》を出土しているのは、すべて海浜部の遺跡です。卜骨も、三浦半島の海蝕洞窟や海岸砂丘を中心に、海浜部の遺跡で多く出土しています。その三浦半島の雨崎洞窟遺跡では、漁撈具である骨製尖頭《せんとう》器《き》に卜骨と同じ焼灼が施されていることが注目されてきました。卜骨や卜甲をもちいた占いは、基本的に海民の習俗と考えてまちがいありません。

卜骨は、朝鮮半島では二〇〇二年の時点で一五遺跡から出土しており、慶尚南道《キョンサンナムド》の勒島《ヌクト》貝塚など半島南端の多島海、それも海蝕洞窟に集中しています（金二〇〇二）。朝鮮半島においても卜骨は基本的に海民の習俗であり、かれらと濃密に交流していた九州北部の海民がこれを受容し、その後各地の海民のあいだで共有されることになったとみられます。

動物の供犠

卜骨は、シカやイノシシの肩甲骨や肋骨をもちいます。そのことからも、海民が狩猟に深くかかわる存在だったことが理解できますが、この狩猟や獣との濃密な関係は卜部にもみられます。

卜部は、亀卜のほかにも大祓《おおはらえ》、鎮火祭《ひしずめのまつり》、道饗祭《みちあえのまつり》といった王権の祭祀に従事しており、これらの祭祀では、たとえば大祓ではシカ角やシカ皮、道饗祭ではシカ、イノシシ、ウシ、クマの皮を神饌《しんせん》として供えていました。

笹生衛は、本来は獣の肉を供えていたものが、殺生を嫌う仏教の影響によって皮に置き換わったのだろうとしています。卜部は、動物をもちいた占いと、動物を供献《きょうけん》する祭祀を職務とする、動物に深くかかわる存在だったのです。

千葉県印内台《いんないだい》遺跡（七世紀後半）と神奈川県鉈切《なたぎり》遺跡（六世紀末〜七世紀初）は、卜甲を出土

したことから東国の卜部の集落とみられている遺跡です。この二つの遺跡では、供献したウシに卜骨や卜甲をともなう祭祀遺構がみつかっており、印内台遺跡では集落のなかでウシやウマを殺したあとも確認されています。

そこで笹生は、卜部は獣畜類を殺し、解体するような環境のなかで、道饗祭などに類似した祭祀をおこなっていたとしたうえで、神祇官の卜部が動物を供献する王権の祭祀に従事していたのは、このような伝統があったからだ、と指摘しています。

さらに、卜骨にもちいたシカの肩甲骨は、当然このような祭祀で解体・供献したシカの骨を使用したのだろうとのべています（笹生同前）。

卜骨は、弥生時代にはシカやイノシシなど野生獣の骨をもちいておこなわれていました。しかし、古墳時代後期の六世紀以降、ウマやウシなど家畜の骨も使用されるようになります（中村二〇〇二）。本来、狩猟した獣の肉を神に供え、その骨で卜骨をおこなっていたものが、次第に家畜の供献とその骨による卜占に変わっていったのです。

そこには大陸からの影響のほか、卜部がおこなう卜占や祭祀の需要の増大にともなう、供犠《くぎ》する獣の安定供給の問題などもかかわっていたのかもしれません。

海民と山民の呪能と芸能

つまり海民は、漁撈だけでなく陸獣の狩猟、家畜の飼育、さらにそれらを殺し、解体し、神に供える祭祀や呪術にも深くかかわっていたことになります。かれらは、動物との濃密な関係という点で、古代社会のなかでとりわけ強く縄文の陰影をとどめる人びとであり、縄文のマルチカルチャー性を受け継ぐ人びとだったといえるのです。

では、王権はなぜそのような人びとを神祇官に組織し、重要な卜占や祭祀に従事させていたのでしょうか。

この縄文伝統・呪術・王権の関係をめぐって注目したいのは、王権と対立した南九州の隼人が、畿内やその周辺に移住させられ、歌舞の奏上という芸能によって王権に奉仕し、イヌの吠声を発する呪術によって宮廷の守護にあたっていたことです。

第一章でのべたように、弥生時代の九州南西海岸の社会は、「貝の道」の中継地として海民の拠点になっていました。さらに隼人の祖先のなかには、古墳時代になってもとくに山間部で「南九州山間部タイプ」とよばれる縄文人の形質をとどめる人びとがみられました。

古代の大和国の山中には、この隼人や、南島の人びと、北の蝦夷《えみし》などとともに、王権から夷狄《いてき》（王化にしたがわない周辺集団）とされた国栖《くず》が住んでいましたが、この国栖は狩猟のほか、木の実やカエルを食し、クリ、キノコ、アユなどを献上したとされる山民です。かれらも隼人と同様、歌笛の奏上という芸能によって王権に奉仕し、その芸能は王権を守護する呪術的な性格をもっていました（原口二〇〇六）。

また榎村寛之《えむらひろゆき》によれば、平安時代の宮廷でおこなわれた祭祀では、山で生業をたてる山人が、山の神の代理として異形の扮装で祭りの場にあらわれ、寿詞《よごと》を唱え、祝福を与えることになっていました（榎村二〇〇三）。

この山人は、宮内省が管轄する官衙神《かんがしん》であった園韓神社《そのからかみのやしろ》にもあらわれましたが、その園韓神社は平安宮の造営以前からその土地にあり、造営後は宮内省で祭るようになった在来の土地神です。つまり平安宮は、本来排除されるはずの在来の神を残存させながら成立し、そこに山人が来訪するという構造をもっていた、と榎村は指摘しています。

王権と縄文

海民や山民という縄文的な伝統をもつ人びとは、農耕民が多数を占める社会のなかではマイノリティであり、殺生をなりわいとする点でも被差別的な立場にあったとおもわれます。

それにもかかわらず、かれらは強い呪能と、それにむすびついた芸能の才をもつと人びとと王権から認識されており、そのため王権は、人智を超えた災いや呪いを振り払うかれらのテクネ（技能）と、芸能による言祝《ことほ》ぎを期待していたのです。

平安京の都市構造が、そもそも山人の来訪を織りこんで成立したという指摘からすれば、被差別的な立場にあった縄文的な人びとによる呪術と芸能は、王権の存続に不可欠であったともいえます。

隼人や国栖の芸能は王権への服属儀礼とされていますが、当時、服属の証は基本的に食物などの貢納であったにもかかわらず、かれらの場合それがなぜ芸能や呪術であったのか、あらためて考えてみる必要があるのではないでしょうか。

高取正男《たかとりまさお》は、農耕民の定住的世界の外に広がる非農業・非定住の空間は呪能と霊力に満ちた世界であったとし、そのためその空間に生きる漂泊民は、修験者といった宗教者はもちろん商人についても、祈禱や占いに従事していたのだ、とのべています（高取一九九四）。

なお、『延喜式』によれば、畿内などに移住させられた隼人の職務として、竹製品の製作も定められています。これは、かれらのなかに竹製漁撈具の製作の伝統があったことを示すものとみられますが、箕《み》づくりなど竹製品の製作が、現代の高度成長期前までみかけられた漂泊民の生業であったことを考えると（筒井二〇〇五）、たいへん興味深い事実ともわれます。

「蕃人」の思想としての「まれびと」

この縄文性と芸能の問題にかかわって重要なのは、海民、アイヌ、南島の人びとが共有していた、海と山の神が往還する縄文の世界観です。

沖縄の海の神の祭りでは、海の彼方のニライカナイからやってきた海の神を山の神が迎え、古い叙事詩を謡いながら海での漁や山での猟の様子を演じます。八重山諸島では、海の彼方から時をさだめてやってくる神々が叙事詩に連れて踊りながら、家の戸口に立って呪言《じゅごん》を唱え、祝福します（折口二〇〇三）。

折口信夫は、調査におもむいた南島で見聞した、このような往還する神のありかたを理論化し、「まれびと」論を唱えました。

このまれびとは、時をさだめて空あるいは海からやってきて、村々を祝福して還っていく霊物、神、祖霊であるとされます。神がやってくるのは、空の場合は高天原《たかまのはら》、海の場合は常世《とこよ》の国《くに》ですが、第三章でのべたように八重山諸島の場合は洞窟を入口とする地底の他界であり、その洞窟からあらわれた神が成人式をおこなうことになっています。

沖縄県宮古島の来訪神（まれびと）であるパーントゥの祭りでは、パーントゥが地下の他界の入口である井戸からあらわれ、集落で悪魔祓《あくまばら》いをおこないますが（谷川二〇一三）、この井戸も洞窟の象徴であるにちがいありません。

仮面・仮装の異形で神に扮した者が正月などに家々を訪れ、人びとに祝福を与えるいわゆる来訪神の祭りは、現在も日本列島の海辺を中心におこなわれています。

それは先ほどのパーントゥのほか、秋田県男鹿《おが》市のナマハゲ、岩手県大船渡《おおふなと》市のスネカ、宮城県登米《とめ》市の水かぶり、石川県輪島《わじま》市のアマメハギ、佐賀県佐賀市のカセドリ、鹿児島県薩摩《さつま》硫《い》黄島《おうじま》のメンドン、同悪石島《あくせきじま》のボゼ、同甑《こしき》島《じま》のトシドン、沖縄県八重山諸島のアカマタ・クロマタなどです。平安時代の宮廷の祭りに異形の扮装であらわれ、祝福を与えた山人もまた、このような来訪神であり、まれびとだったといえるでしょう。

来訪神（岩手県大船渡市三陸町吉浜のスネカ）
スネカは小正月の晩に家々を訪れて人びとを祝福する。昭和28年、撮影者のもとめに応じて当時は使用されていなかった古い装束で仮装したもの。毛皮の衣装をまとい、鋭い牙をもつ獣のような仮面を装着する。来訪神と獣類の親和性が注目される。岩手県立博物館提供。

　折口は、このまれびとの起源をめぐって、われわれの祖先よりまえから日本列島に住んでいた、蕃人《ばんじん》（未開人）としての海部《あま》（海民）に注目します。先にのべたように、この海民は呪術の文化をもつ人びとであり、そのため折口はト部も海民に出自をもつと考えていたのです。

蕃人は、現代の考古学からいえば縄文人ということになりそうですが、折口は日本人の他界観の研究をつうじて、祖先の世界である古代と、蕃人の世界である「前古代」「前日本」のあいだには、知識の飛躍や非連続性があるとみていました（折口一九八三）。つまり、まれびとが演じる「呪言と演劇の交渉の古い姿」は、古代日本的な知識体系とは飛躍や非連続性をもつとされた「前古代」「前日本」の姿であり、そこに縄文の世界をうかがうことができるのです。

獣に仮装する「まれびと」

アイヌのなかにも、かつては神に仮装した人間が村を訪れる来訪神の祭りがあったようです。

アイヌのイオマンテ（クマ祭り）では、クマに仮装した神が集落を訪れ（捕獲され）、一定期間集落でもてなされ（飼育され）たのち、肉と毛皮を与えて神の国へ帰り（殺され）ます。そもそもアイヌの世界観では、猟で得た獣はすべて、人間にみずからを与えるため山からやってきた喜ばしい来訪神であり、アイヌの歓待をうけて山中へ帰っていく、往還する存在なのです。

アイヌの神謡では、冬の猟期が近づくと、猟運を祈ってシャーマンがこのクマ祭りをおこなったと語られます。それは、シャーマンがクマの毛皮をまとって神に扮し、山上で人間の手によって殺され、人里にやってくるさまを演じるものであり、祭りを終えると毛皮を脱ぎ、本来の姿にもどって祝宴の席に参列するといいます（知里一九七三b）。

これは、神に仮装して村を訪れる本州各地の来訪神の祭りに近い習俗といえますが、この神に仮装するシャーマンと狩猟との関係のなかに、日本列島のまれびとの原点、つまり「呪言と演劇の交渉」のきわめて古い姿を読みとることができるのではないでしょうか。

南島の来訪神が狩猟や漁撈のさまを演じ、大船渡市の来訪神スネカが毛皮をまとい獣の仮面をかぶってあらわれることも、日本列島のまれびとの起源と狩猟・漁撈の関係を示唆するものとおもわれます。

ただし金田一京助《きんだいちきようすけ》は、このようなアイヌの来訪神の観念は日本由来ではないか、と指摘しています。

アイヌは、クマ祭りの饗宴を「珍客振る舞い（マラット・イベ）」とよびます。そこで金田一は、このマラット（珍客）は古代日本語の「まらひと・まろうど（まれびと）」が伝わったものであり、クマを珍客＝来訪神とする考え方についても、古い時代に日本から伝わったものではないか、というのです（金田一一九四二）。

アイヌの祭祀・儀礼関係の語は多くが古代日本語由来であり、それらは八〜九世紀の東北北部集団の北海道移住をつうじて伝播した、と私は考えています（瀬川二〇一五）。アイヌの祭儀の形式についても、古代日本の祭式の強い影響を受けたものにちがいありません。祭祀と関連するマラットの語が、古代日本語由来の可能性はありそうです。

しかし、狩猟とむすびついた来訪神の観念そのものが古代日本からアイヌへ伝わったという指摘については、とうてい受け入れることはできない、と私にはおもわれます。

非定住民と芸能

縄文と芸能の関係をめぐってもうひとつ注目したいのが、古代の傀儡子《くぐつ》です。

傀儡子は定住する家や村をもたず、諸国を移動しながら、二本の剣によるお手玉や七つの玉投げなど中国の唐散楽《とうさんがく》に由来する軽業《かるわざ》的・幻術的な芸のほか、くぐつまわしとよばれる人形回しをおこないました。

興味深いのは、平安時代の風俗や芸能について記した『傀儡子記《くぐつき》』のなかで、傀儡子は「男は皆弓馬を使《わきま》へ、狩猟をもて事と為す」、つまり狩猟を生業としてウマを乗りこなすなど、動物との深い関係が指摘されていることです。

そのため傀儡子の起源については、奈良時代の乞食が漁民あるいは狩猟民化したとする説のほか、渡来人説、逃散《ちょうさん》農民説なども唱えられました（服藤二〇一〇）。

折口は、傀儡子の起源をめぐって筑前国志賀島《しかのしま》の海民がおこなっていた祭りに注目します。その祭りでは、人形を船に乗せて沖に漕ぎだし、人形に海の底を覗かせて海の精霊を迎えます。この海の神の形代《かたしろ》としての人形に、神の身振りを演じさせ、祝言にもちいたのが傀儡子の人形回しであり、かれらの起源は海民であった、と考えているのです（折口一九九五b）。

傀儡子が登場する話としては、『今昔物語集《こんじゃくものがたりしゅう》』（一二世紀）の「伊豆守小野五友目代語《いずのかみおののいつともがもくだいのこと》」があります。

伊豆守の小野五友は、駿河《するが》国に有能な者がいたので、これを目代《もくだい》（任国で国務を代理させる者）として採用します。ある日巡業の傀儡子がやってきて、笛や太鼓で拍子をとり、歌をうたいます。するとこれを聞いた目代は、おもわず昔を思いだして拍子をとり、歌をうたいだします。そのため、傀儡子の出身であることが明らかになってしまい、「傀儡子目代」とよばれたというのです。

傀儡子は、東日本ではおもに美濃・三河《みかわ》・遠江《とおとうみ》に分布していたとされ（『傀儡子記』）、目代の出身地である駿河国では宇津谷郷《うつのや》（現静岡市）などにも拠点があったとされます（脇田二〇〇二）。これらが海民の拠点と重なることが注目されます。

周縁の人びとのなかには、この傀儡子のほかにも、強い呪能と去来する神の祝福という縄文の思想を背景に、大晦日、節分、小正月、立春などに農村の家々を訪れて祝言をのべる神人、萬歳や猿回しなどの芸人、乞食者などの祝言職として専業化し、都市や農耕民の世界を漂泊する者もいたのではないかとおもわれます。

古代アイヌの呪術

ところで、アイヌの習俗が日本側の史料にはじめてあらわれるのは一二世紀の和歌です。興味深いことに、そこに詠まれているのは、口から気を吹いて霧を発生させる「こさ」とよばれるかれらの呪術でした。

こさふかは　曇りもそする　みちのくの　えそにはみせし　秋のよの月（『夫木和歌抄《ふぼくわかしょう》』）

西行《さいぎょう》（一一一八―九〇）のこの歌は、蝦夷《えぞ》（アイヌ）が「こさ」を吹くと空がかき曇ってしまうので、今宵の美しい月をかれらにはみせられない、といった内容です。

この「こさ」にかんしては、江戸時代からの長い研究史がありますが、金田一京助が指摘するように、近世アイヌがウケウェホムシュなどとよんでいた呪術を指すものであったとおもわれます（金田一一九六〇）。

この呪術は、火事や水難などで変死者がでた際、その魔を祓うため、あるいは流氷の接岸によってコンブなどの海藻に被害が生じる際、風をおこして流氷を遠ざけるため、さらには噴火や津波をおさめるためなどにおこなわれました。

ウケウェホムシュは、男は刀を手に、女は手草《たくさ》や槍などを手に列をなし、四股のように地面を一歩一歩強く踏みしめながら、右、右、左、左というように千鳥《ちどり》にあゆむ行進呪術です。その形式には、古代陰陽道の重要な呪術であった反閇《へんばい》の影響が考えられますが（瀬川二〇一五）、いずれにせよ古代のアイヌもまた、魔を祓い、自然現象を意のままに操る、強力な呪力をもつと中央の人びとから認識されていたのです。

「化け物」としての縄文

海民とアイヌから浮かびあがってきた縄文的なるものとは、山海の神と一体化して自然を操る人智を超えた呪的な能力であり、山海の神・祖霊がもたらす祝福の力だったのではないか、とおもわれます。

この自然の霊力や呪能で注目したいのがスサノオです。『古事記』によれば、スサノオはイザナキが日向国の海で禊《みそ》ぎをした際、阿曇連《あずみのむらじ》ら海民の祖先神とともに生まれます。かれは、その暴力性ゆえに天上界からも下界からも追放され、出雲国に安住の地をみつけます。イザナキから海原の支配を命じられたスサノオは、海民の象徴であったとおもわれます。

さらに、水田を破壊し、収穫したコメを供える大嘗祭《おおにえのまつり》の場に糞をまき散らすスサノオは、農耕社会や王権と対立する海民のイメージを反映していそうです。イザナキに海原の支配を命じられたスサノオは拒否しますが、これは王権による海民集団のとりこみにたいする抵抗であったのかもしれません。

スサノオは、涙すれば海や川の水を干上がらせ、動けば地震を生じて山と川を揺り動かす、自然の霊力と一体化した存在でした。かれが母のいる彼岸の世界へいきたいと願って泣きわめくと、悪神たちの放つ声が五月の蠅のように国のすべてに満ち満ち、物という物がみな妖気を発したといいます。

スサノオは他界に近しい存在であり、また強力な呪的存在だったのですから、農耕民や王権にとっては「化け物」にほかならなかったとおもわれます。

そして、農耕民や王権にはとうてい受け入れがたい存在であったスサノオこそ、知識体系の飛躍や非連続性という断絶をみせる「前古代」「前日本」の象徴であり、古代における縄文的なるもののイメージだったのではないでしょうか。

現代に生きる呪術的世界

海民とアイヌは、近現代になっても濃密な呪的世界のなかで生きていました。

北海道の旭川《あさひかわ》市の開発は、明治二〇年代（一八九〇年前後）にはじまります。それまで三〇〇人ほどのアイヌと数人の和人商人を数えるだけだった上川《かみかわ》盆地は、ニューヨーク大学を卒業した道庁の時任静一《ときとうせいいち》が市街化計画を担当し、近代都市としてデザインされ、商都や第七師団の軍都として一気に都市化が進みます。上川アイヌは、爆発的に成長するこの近代都市に翻弄されていきました。

上川アイヌの砂沢《すなざわ》クラは、一八九七年に旭川で生まれましたが、急速な近代化のなかで育った彼女の伝記をみると、夢判断、予言、呪いなどが日常として語られていることに驚きます。

たとえば一九三三年には、夫が狩猟中、崖から落ちて大けがをし、その後も猟果に恵まれないといった不幸が続きました。これは結局、夫と仲違いしたいとこが、猟運に恵まれている夫をねたみ、イパッカラ（呪い）したことによるものと判明します。

また一九三五年の夏、夫が石材運搬の仕事にでかけようとすると、真っ青な顔をした彼女の母が「今日仕事にいくと悪いことがおきる」と泣きながら夫をひきとめました。予言どおり、その日、夫の乗る予定だった川船は転覆し、乗船者は亡くなります。彼女の母はトゥス（予言）の能力で知られ、またその能力ゆえにパウチコロペ（化け物）として怖れられていた人物でした（砂沢一九八三）。

名寄《なよろ》アイヌの北風磯吉《きたかぜいそきち》（一八八〇年生まれ）によれば、イパッカラは明治三〇年代にはアイヌ社会でふつうにおこなわれていました。とくに日高《ひだか》や十勝《とかち》でさかんにおこなわれ、十勝では小学校にかよっている子どもまでがその呪文を心得ていました。イパッカラによる呪殺などの効果は絶大であったといいます。

北風はまた、自分が十勝で実際に目撃した呪術について証言しています。

ある呪術師が、水の入っていないヤカンを二〇メートルほど離れた地面に置き、それにむかってポニタク（呪文）を唱えたところ、たちまちヤカンが沸騰し、湯気がたちのぼったというのです（早川一九七〇）。

この呪文によって巨大な立木を動かし、川の流木のむきを変えるなど、自然を操ることもおこなわれていました（佐藤一九八五）。アイヌのなかにはほかにも、日食、地震、長雨、雨乞い、雷鳴、波鎮めなどの際に唱えられる無数の呪文がありました（知里一九七三a）。

北風は、日露戦争に従軍した際、めざましい武勲によって金鵄勲章《きんしくんしょう》を授けられた人物としても知られています。雨のように降り注ぐロシア軍の銃弾のなか、北風が無傷で帰ったことについて、かれの知人の十勝アイヌは、危難を逃れるポニタクを使ったのだと証言しています。しかし、北風はそのことについて聞かれても一切話そうとはしませんでした（大塚一九九四）。ちなみに北風の妻もまた、イパッカラに通じた人物でした（佐藤一九八五）。

自然現象を操る

一方、一九八〇年代に宮城県気仙沼で漁民の習俗を調査した川島秀一《かわしましゅういち》によれば、同地方では「ホウゴト」や「マジナイゴト」とよばれる呪文が多くもちいられていました。

その呪文は、大漁をもたらし、波を静め、無風状態のときに風を生じさせるなど、自然現象をおもいのままに操るものでした。

さらに、難産、やけど、けが、各種の病気、悪い夢をみたとき、目にゴミが入ったとき、カキの渋を抜くとき、ヘビ避《よ》け、キツネにだまされないためなど、生活のあらゆる局面で呪術がもちいられていました。そして、それぞれに応じた数多くの異なる呪文が存在していたのです（川島二〇一二）。

もちろん呪術やまじないは、海民とアイヌだけがおこなっていたわけではありません。ふだん意識することはありませんが、私たちの日常生活のなかでも、たとえば節分に恵方をむいて太巻きを食べるといった呪術や呪文は生きており、あらたに生みだされてもいます。

しかし海民やアイヌの場合、呪術が自然現象を意のままに操るものであり、そのため生業上きわめて重要な意味をもつものであったこと、さらにそれが現代まで濃密に生き続けていたという点で、かれらと呪術のひときわ強い関係を認めることができるのです。

2　贈与と閉じた系

なぜ神饌を売買するのか

海民の呪術のなかには、その意味をはかりかねる奇妙なものがあります。

気仙沼地方では旧暦の一〇月に漁撈の神であるエビスの祭りをおこないます。川島は調査のため、漁民の尾形栄七《おがたえいしち》（一九〇八―九七）の家でこの祝いに参加していました。

川島は、神棚に供えた魚を客としてもらいうけることになりましたが、すると尾形はやにわに財布をとりだし、「どれ、その魚おれが買うから」といって、家の者と「商売まがいのこと」をおこない、それから川島に魚を手渡したというのです。

尾形によれば、供えものの魚をつうじて贈る側のケガレが相手におよぶため、金銭を介することによってそのケガレを遮断したのだといいます。

では、聖なる神饌を金銭で売買する、卑俗にもみえるこの行為が、なぜそのような呪力をもっていたのでしょうか。

このエピソードは、網野善彦《あみのよしひこ》の「無縁」論をおもわせます。

網野は、人とモノの濃密な関係を断ち切り、モノが商品という無主物として不特定多数の人びとのなかに入っていくには、それを市庭《いちば》(市場)にもちこみ、いったん神のものとすること、つまり無縁化することが不可欠だとのべました(網野一九七八)。

家の者同士が魚を売買する奇妙な呪術は、本質的にはこの無縁化の手続き、つまり神への供えものを川島という共同体外部の者に与えるに際して、それを金銭による売買という商品化の場(市庭)へいったん投げこみ、人とモノの有機的な関係を断ち切るものだった、とみられるのです。

贈与への執着

漁民と売買をめぐるエピソードはほかにもあります。

船を住まいとし、移動を繰り返した家船《えぶね》漁民は、自分たちの捕った魚などが金銭で買われることを好まず、陸上の知人に贈りものとして与えました。そして、その返礼として祭事に招待してくれることをよしとし、そのような関係を「親戚」と呼んでいたというのです。捕った魚貝などを交換する得意先の農家は「いとこ」ともよばれていました（木島一九九二）。この交換の場には「暖かい応待」がともなったといいます（桜田一九四九）。

商品化の呪術を操る漁民と、商品化を忌避する漁民――二つのエピソードは相反するようにみえますが、実はそうではありません。そこには贈与によって成立する内部と、商品化によって遮断される外部という、海民の共同体の意識が示されているのです。

贈与と商品といえば、和人とさかんに交易をおこなっていたアイヌは、銭を手に入れてもそれを決済手段とすることはありませんでした。銭は、アイヌ女性の宝であったタマサイ（首飾り）やタバコ入れの装飾部品としてもちいられました。

そのため江戸時代の和人は、アイヌが貨幣によって交換レートの公平性を確保し、富を貨幣のかたちで蓄えることを知らない未開人であると認識していました。しかしこれは和人の偏見にすぎません。

アイヌの交易は、たんなる商売というわけではありませんでした。それは海民と同様、なじみの和人商人への土産と返礼、つまり贈与の形式でおこなわれました。取引をおこなう和人商人は「親戚」や「いとこ」、つまり擬制的な身内だったのです。

贈与を重んじるアイヌにとって、銭はたんなる穴のあいた円い金属以上のものではありませんでした。そもそも、かれらが銭を貨幣として受容することは、贈りものがゆきかうことによって成立するみずからの社会を、根底から否定することにほかなりません。

もちろん、アイヌの産物を入手して本州で売買し、それによって利益をあげていた和人商人にとっても、アイヌが本州産品の決済に貨幣をもちいる事態は、当然避けなければなりません。この両者の思惑のうえで、贈与の形式での交易が存続していたのです。

無縁化の装置

アイヌは、獣皮など莫大な量の産物を交易していました。

たとえば江戸時代末から明治時代はじめにかけて、人口三〇〇人ほどであった上川《かみかわ》アイヌの場合、年間にキツネ皮七〇〇～八〇〇枚、イタチ皮一〇〇〇枚、カワウソ皮二〇〇枚、クマ皮一五〇～一六〇枚、サケ八万四〇〇〇～九万尾などを出荷し、その対価として和人商人から酒、コメ、麹、木綿布、糸、針、シャツ、手ぬぐい、はさみ、タバコ、煙管、小刀、漆器、鉄砲、火薬などの本州産品を入手していました。

これだけの産物をやりとりする以上、贈与の形式がしょせん空虚なみせかけにすぎないこと、つまり商品交換そのものであることは、アイヌ自身がいちばんよく理解していたはずです。しかしアイヌにとって、獣やサケは決して商品であってはならないものでした。獣やサケは、たんなるモノではなく神の化身です。獣やサケという仮の姿で人間の世界へやってきた神は、アイヌに捕獲されてその仮装から解き放たれ、たくさんの手土産とともに手厚く神の世界へ送りかえされます。それが神にとっての名誉であり、喜びです。ただし、大量に捕獲されるサケとシカについては、アイヌは送りの儀礼をおこなっていませんでした。ではアイヌは、神の贈りものであったサケとシカを、共同体外部の者である和人商人に、ためらいもなく売り払うことができたのでしょうか。気仙沼の漁師のように、そこにはなんらかの無縁化の手続きが存在したのではないでしょうか。

そこで注目したいのが、チャシとよばれるアイヌの遺跡です。

チャシは、丘の先端などを壕《ほり》と柵で区画した砦《とりで》のような遺跡です。一三世紀から一九世紀にかけてつくられ、全道で五〇〇ヵ所以上みつかっています。もともとは祭祀施設・聖域として成立し、その後は首長の居館や砦としてもちいられましたが、それらの機能も、聖域というチャシの本来の性格のうえに展開したと考えられます（瀬川二〇一六）。

中間的なるもの

興味深いことに、このチャシでは大量の獣の解体もおこなわれていました。たとえば、道東の陸別《りくべつ》町ユクエピラチャシでは、未発掘のものもふくめると一万頭以上とみられるシカの骨が出土しています。チャシのなかやその周囲で多数の動物骨が出土した遺跡はほかにも、釧路市遠矢《とおや》第2チャシ、小清水《こしみず》町アオシマナイ遺跡、せたな町瀬田内《せたない》チャシ、平取《びらとり》町ユオイチャシなど多数知られています。さらに、チャシのなかでみつかった骨には、儀礼的なとりあつかいがみられるものもあります。

では、なぜ捕獲した獣をわざわざチャシのなかへ運びこみ、そこで解体をおこなっていたのでしょうか。

ユクエピラチャシで出土したシカは、その量から、たんなる自給用の食料ではなく、皮や角を交易品として出荷するため捕獲・解体されたとみられます。つまり、チャシでおこなわれた獣の解体は、その商品化と深くかかわっていたのです。

聖域であり、それゆえ神の世界に属したチャシへ獣をもちこんで解体することは、かれらにとって無縁化・商品化の手続きにほかならなかったのではないか、とおもわれます。

ただし、チャシは和人との商取引の場、つまり市庭だったわけではありません。チャシで解体され、無縁化された獣は、商品になることを留保された「中間的」なものにすぎませんでした。

しかしアイヌにとっては、それこそがきわめて重要な意味をもっていたにちがいありません。というのも、贈与を価値とするアイヌにとって、その内部に商品を生成させること、商取引に関与することは、あってはならない事態でした。商品であるともないともいえない獣や魚が、贈与とも売買ともいえない和人との交歓儀礼の場にもちこまれるとすれば、アイヌの交易の過程には、商品生産も商品交換もいっさい存在しないことになるのです。

チャシは、市場経済と共存するアイヌの葛藤と知恵を物語る遺跡といえるのではないでしょうか。

イオマンテの機能

海民とアイヌにとって、魚や獣は神からの贈りものにほかなりませんでした。人びとは、この神からの贈与を分かちあうことによってたがいにむすばれ、手厚い儀礼と土産の返礼という互酬的な関係によって神とむすばれていました。

つまり縄文的な世界とは、「人と人」という水平的な関係にとどまらず、「神と人」という垂直的な関係にまで贈与を張りめぐらせた世界であった、ということができそうです。

しかし、日本列島を包みこむ縄文社会という巨大な「いとこ」や「親戚」の世界のなかに、「外部」としての弥生社会が成立すると、縄文的な世界はその外部と商品交換をつうじて交流していくことになります。マルクスがのべたように、商品交換とは、本質的に異なる共同体のあいだでおこなわれる物々交換からはじまるのです。

この外部との商品交換にたいするすりあわせや妥協によって生じた矛盾は、アイヌ社会最大の祭りとされるイオマンテに読みとることができます。

イオマンテは、春先に入手した子グマを初冬ころまで飼育し、これを殺して魂を神の国に送り返す祭りです。獣の神のなかでもっとも高い地位にあったクマを送るに際しては、多くの土産が供えられました。つまり、この祭りは「神にたいする最大の贈与」にほかなりません。

同時にこの祭りでは、主催者が集落の人びとだけでなく遠隔地の親戚も招待し、大量の酒食をふるまいました。つまりこの祭りは「人にたいする最大の贈与」でもあったのです。

イオマンテがアイヌ社会最大の祭りであった事実は、アイヌ社会のなかで贈与が最大の社会的価値をもっていたことを意味しています。この祭りは、神と人が贈与によってむすばれる縄文の思想を演劇的に具現化し、祝祭の高揚のなかで人びとが心に深く刻みこむ場だったのです。

矛盾と葛藤

実は、このイオマンテとまったく同じモティーフをもつ祭りが、縄文時代にもおこなわれていました。それは、春の出産期に入手したイノシシの子を初冬ころまで飼育し、これを殺して共食するイノシシ祭りです。骨はどれも強く焼かれており、その行為はイノシシの送りを意味しています。

イノシシ祭りは、イノシシが生息しない北海道や伊豆諸島でも、本州からイノシシを生きたまま手に入れて活発におこなわれていました。北海道では、七〇ヵ所以上の縄文時代の遺跡でイノシシの骨が出土しています。

さらに山梨県金生《きんせい》遺跡では、秋に死亡した一歳未満の幼獣を中心に、一三八個体ものイノシシの骨がひとつの穴のなかから出土しています。イノシシ祭りは、縄文社会できわめて大きな意味をもつ祭りだったようです。

そもそも北海道の場合、わざわざ津軽海峡を越えて生きたイノシシを入手し、これを一定期間飼育して祭りをおこなうのですから、それがきわめて大きな社会的意義をもっていたことは火をみるより明らかです。

イノシシ祭りは、日本列島全体の縄文人の祭り、つまり縄文イデオロギーといえるものであり、イオマンテ同様、神と人が贈与によってむすばれる縄文の思想を具現化・可視化する装置だったとおもわれます。

縄文社会は、南北に長く、複雑な生態系をもつ日本列島の全域で展開したのですから、そこには当然、地域性もうかがえます。しかし、北海道から南島にいたる縄文社会は、縄文イデオロギーによってむすばれたひとつの巨大な「内部」であり、そこで流通していたイノシシや新潟産のヒスイの玉などは、「外部」からやってくる「商品」ではなく、贈与としてもたらされたものだった、と私は考えています。縄文社会は、「親戚」の連鎖でむすばれた巨大な贈与空間にほかならなかったのです。

イノシシ祭りは、本州では弥生時代になると廃れてしまいます。ただし、北海道では続縄文時代前期（弥生時代）に主役がイノシシからクマに置き換わり、イオマンテとして受け継がれたと私は考えています。なぜイノシシがクマにかわったのかといえば、第二章でのべたとおり、北海道のクマの毛皮が弥生社会という「外部」への重要な商品になったからです。

つまりイオマンテは、縄文イデオロギーを受け継いだ北海道の人びとが、列島の祭りの主役としての意味を失ったイノシシのかわりに、最重要の商品になったクマを据えたものであり、贈与の祭りに商品がくみこまれたという点で、商品交換のなかで生きることになったアイヌ社会の矛盾を物語るものなのです（瀬川二〇一六）。

イオマンテでは、日本から入手した刀や漆器、大陸から入手したガラス玉といった宝を祭場に美しく飾りつけました。これらの宝は、それをもつ者の威信と名誉を誇示し、集団を守護する霊力をもつと考えられていましたが、これも本質的には商品の誇示にほかなりませんでした。

隔離的な婚姻関係

海民とアイヌの社会は、贈与をつうじた「親戚」や「いとこ」という身内によって構成されるのですから、それは基本的に「閉じた系」です。これは、かれらが活発な対外交流を繰り広げていた事実と相反するようにみえます。

しかし、近世のアイヌは「たまたま夷人《いじん》村落に雑居するもの有といへども、婚姻をむすばず、かたく故俗を守りて移ることをしらず」、つまり和人の村で雑居するアイヌについても、基本的には和人と婚姻せず、みずからの文化・習俗をかたく保とうとしていました（『渡島筆記《わたりしまひつき》』）。

一方、本州の家船漁民についても、大分県臼杵《うすき》市津留《つる》の漁民の場合、地元の他村とのあいだでは婚姻関係をむすばず、対岸の山口県の漁民と婚姻をおこなっていました（田畑二〇一五）。長崎県の家船漁民も「同類の外敵へて嫁娶《かしゅ》を通ぜず」、つまり家船漁民以外とは婚姻関係をもとうとしなかったといいます（『大村藩史』）。

このような閉鎖的な婚姻関係は、移動する家船漁民にとどまらず、定着的な漁民にも認められます。沖浦和光《おきうらかずてる》は、「瀬戸内の海民の歴史を調べてびっくりしたのは、農民と漁民とのあいだでは通婚がないということです。……江戸時代ではまずありません。現在でも農民と漁民は棲み分けている、……一緒に村の中にいるんだけれども、この間の結婚がない。日常的な付き合いが、まずあんまりなかった」とのべています（五木ほか二〇一三）。

石川県輪島の漁民には、潜水漁の拠点であった九州北部の鐘ヶ崎《かねさき》（福岡県宗像市）から一六世紀に移住したとの伝承があります。実際かれらの方言の語彙《ごい》や音韻は、周辺地域と明らかに異なっており、鐘ヶ崎方言に類似するとされています（羽原一九六三）。特異な方言が数世紀にわたって孤立的に残存した事実も、かれらの婚姻関係における閉鎖性を示しているのです。

閉じた系

海民の閉鎖的な性格を物語る事実はほかにもあります。

広島県大崎下島《おおさきしもじま》の御手洗《みたらい》は、港町であるにもかかわらず漁業に従事する人びとがおらず、隣村の大長村《おおちょう》の漁師から魚を買っていました。さらにその大長村のなかでも、農民と三〇戸ほどの漁民は生業をまったく異にしており、農民は漁民から魚を買っていました。

瀬戸内海では、広島県能地《のうじ》や二窓《ふたまど》の家船漁民が各地に移住し、一〇〇以上の枝村《えだむら》をつくって漁業に従事していたといいます。漁村の孤立性は、このような歴史的経過にも由来するのかもしれません。

沖縄県多良間《たらま》島では、一九九三年の聞きとりによれば、島民は八キロメートルも離れた離島の漁民から魚を買って食べる習慣になっています。宮古島でも、一八九三年の記録では、海岸に住む人びとが漁業を知らず、魚を口にすることはまれであったといいます。そもそも南島で漁業に従事していたのは、もっぱら沖縄本島の糸満から移住した漁民でした(谷川一九九五)。

海民の隔離的な状況は、ほかにも各地で認められます。五島列島などの家船漁民が、近代になっても抜歯とイレズミという縄文の習俗をとどめていた理由は、このような海民社会の特性によって理解することができそうです。

さらに、同じ村のなかに住み、日常的に交流しながら隔離的であった漁民と農耕民の関係は、弥生人と縄文人の関係をイメージするうえでも、大きな手がかりを与えてくれるものといえそうです。

もちろん海民と農耕民、アイヌと和人の婚姻は、それぞれたがいに交流していた以上、なかったわけではありません。

そもそも海民の場合、その形質的な和人化は、基本的には弥生時代から古墳時代にかけて大きく進展しました。海民が縄文的な生業や文化を保持していたからといって、それはただちに、かれらが縄文人の形質的特徴をとどめていたことを意味するものではありません。問題は形質や文化ではなく、海民のなかに残存した縄文の思想であり、その思想が律したかれらの生き方なのです。

いずれにせよ、贈与が水平的にも垂直的にも張りめぐらされ、贈与そのものが世界を構成する「いとこ」や「親戚」の社会は、外部にたいしては本質的に排他的な存在にほかなりませんでした。

3 平等と暴力

神のまえの平等

南九州の漁村で生まれ育った谷川健一は、幼いころ地引き網をみにゆき、そこで小魚をわけてもらったといいます。

南九州では、狩猟や漁の獲物を分配する際、その単位をタマスとよびます。このタマスは「賜る」「賜わす物」の意であり、柳田國男《やなぎたくにお》によれば霊魂の「タマ」も意味しました。実際、八重山ではタマスをタマシイとよびます。そしてこのタマスは、家で寝ている赤ん坊にも、あるいはゆきずりの旅人にも一人分が与えられました。

アイヌの場合も、贈与や物々交換を、ラマッ（タマシイ）の贈与や交換であると考えていました（早川一九七〇）。

海民やアイヌのあいだでおこなわれていた贈与や分配が、本来はタマシイの贈与や分配を意味するものだったということの事実に、私の心は強く揺さぶられます。

谷川は、平等とは分配の平等のことであり、なぜ漁民が惜しみなく分配することができたのかといえば、それが神からの授かりものだったからだ、とのべます。

そのうえで谷川は、神を抜きにした分配の平等は可能か、と問いかけます。

一九一八年、武者小路実篤《むしゃのこうじさねあつ》は宮崎県の山間に「新しき村」を建設し、人道主義にもとづく平等の生活をめざしました。しかし、「あの家はコーヒーに入れる砂糖の量が多すぎる」といった些細なことまで話題にのぼる、喜劇的な状況が生じたといいます。

そこで谷川は、神を抜きにして、あるいは生活者の思想から遊離した神によっては、平等は生まれないとのべています（谷川一九九四）。海民の平等は、水平的な贈与だけでなく、神からの贈与という垂直的な関係をくみこむことによって、はじめて実現するものだったのです。

共産主義者の村

海民と平等といえば、日本列島の海浜部ではいたるところで分配と平等がみられました。

たとえば、下北《しもきた》半島の太平洋側に位置する青森県東通《ひがしどおり》村尻屋《しりや》の漁村では、アワビやコンブなどの漁が共同でおこなわれ、利益は平等に分けられていました。そのため第二次大戦中には「共産主義者の村」と噂されることもあったといいます。

このような分配と平等は、丹後《たんご》半島の京都府伊根《いね》町蒲入《かまにゅう》の漁村などでも認められ、それらの集落も周囲から「共産村」といわれていました（森本二〇〇六）。

さらに漁獲物の平等な分配は、沖縄県の津堅島《つけん》、沖縄本島の大宜味村《おおぎみ》、本部町《もとぶ》、北谷町《ちゃたん》などでも知られています（谷川一九九四）。

縄文時代の遺跡に強い階層化はうかがえません。分配と平等は縄文の思想でもあったとおもわれます。ただし、縄文時代や旧石器時代に不平等が存在しなかったわけではありません。ヒトが個体差をもって生まれてくる以上、そのことによって生じる不平等は本源的に存在するとしても、それを発現させない機制が、縄文時代や旧石器時代には強く働いていたといえそうです。

古代の海民についても、横穴墓などかれらの墓には、目立った階層性がうかがえないことが大きな特徴とされています。また近世アイヌの場合、神に出自をもつとされ、実際神とよばれて王に近い存在であった首長もいましたが、かれらは権力とは無縁でした。いずれにしても、神からの贈与はタマシイでもあったのですから、そのタマシイを商品として売り払い、あるいは一人占めすることなど、容易にできるものではなかったのです。

排除される野心

ただし、この縄文的な世界の平等は、現代の私たちがイメージするような牧歌的なものではありませんでした。

名寄アイヌの北風磯吉は、アイヌ社会では能力のある者が疎《うと》まれ、村を出ていくことが少なくなかったとし、「同族人がなぜもっと寛大な心で、伸び行く者の芽を愛し得ないのだろうかと思えた」とのべています（早川一九七〇）。アイヌ社会における平等は、個人の自立性にたいする足枷《あしかせ》という一面をもっていました。

むかわ町に伝わっていたアイヌの伝説には、次のようなものがあります。

ある若い夫婦が、松前《まつまえ》へ交易にでかけて財をなし、昔から建ててはいけないと禁じられていた大きな家を建てます。しかしこの禁を犯したため、集落の人びとは疱瘡《ほうそう》によって死に絶えたというのです（更科一九五八）。

この伝説が、人より大きな家を建てる行為、つまり不平等を戒《いまし》めるものだったのかといえば、単純にそうとはいえません。たとえばアイヌ社会では、宝もちが首長の条件であり、才覚に乏しい貧乏人はウェンクル（わるい人）とよばれていました。宝もちであることは威信と名誉をもつことであり、首長は立派な家、大きな家に住まいしていたと語られるのです。

ここで重要なのは、大きな家を建て、大量の宝物を秘蔵していたのが「若い」夫婦であったという事実です。この伝説は、社会が許容する不平等は「若者」であってはならないこと、宝もちにふさわしい人格者として社会から認知された人物でなければならないことを物語っていそうです。

しかし、次節でものべるように、アイヌ社会では狩猟しながらひとりで山中を放浪し、何年も村に帰らなかった若者たちや、山中に孤立して暮らす人びとなどがみられました。アイヌ社会は本来、個人の自立性と遊動性をその基礎にもつものだったのであり、野心ある若者の排除が、かれらの自立性そのものを閉ざすことにはなりませんでした。

自由と自治

海民とアイヌは、農耕民と同じ時代を生き、農耕民との共存のなかで生きてきました。第一章でのべたとおり、イレズミや抜歯という縄文習俗の残存は、縄文的な生業への特化によって農耕民との共存をはかろうとした、かれらの選択の結果といえるものでした。縄文の思想の残存についても、時代にとり残された結果や未開性のためなどではなく、かれら自身が選びとってきたものにちがいないのです。

では、かれらはなぜ縄文の思想を選びとったのでしょうか。

海民とアイヌは、漁撈・狩猟・海上交通という移動性に富む生業をもつ人びとでした。アイヌは、一一世紀前後にはサハリン南半、一五世紀には北千島とカムチャツカ半島南端へ次々領域を拡大し、最終的には環オホーツク海世界の南半を占めながら、その広大な世界のなかを往来していました。かれらは大陸のアムール川下流域へおもむき、中国の元《げん》、明《みん》、清《しん》の歴代王朝と朝貢交易も繰り広げていたのです。

海民についても、たとえば沖縄の糸満漁民の場合、太平洋側では黒潮《くろしお》にのって高知、愛媛、伊豆諸島、房総半島へ、また日本海側では五島列島から山陰方面へ、さらにフィリピンやサイパンまで出漁や分村をおこなっていました。

潜水漁民の拠点であった筑前鐘ヶ崎の場合、壱岐、対馬、山陰から能登半島まで出漁や移住を繰り返しており、志摩半島の海女は島根県の竹島《たけしま》、北海道の利尻島、礼文島までテングサ採りにでかけ、韓国の済州島《チェジュド》の海女は房総半島や伊豆諸島でアワビ漁をおこなっていました（浅川二〇〇三）。

海民とアイヌの暮らしの前提であるこの移動性は、境界を定める国家や権力の支配と鋭く対立するものにほかなりません。そのことからすれば、かれらは支配からの自由を価値とせざるをえない人びとであった、といえます。

さらに、かれらの社会は贈与をつうじてむすばれる閉じた系でした。この閉じた系が閉じた系として成立するには、かれら自身による自治が不可欠です。国家や権力と相容《あいい》れないこの自治も、かれらの社会の大きな特徴だったことになります。

海民とアイヌが縄文の思想を選びとってきたのは、それがみずからの社会を成立させるうえで不可欠な、自由と自治のイデオロギーでもあったからにちがいありません。

ところで中世以降、北海道には多くの和人が渡海してきました。

一一八九年、源《みなもとの》頼朝《よりとも》との戦いに敗れた奥州藤原氏《おうしゅうふじわらし》四代の泰衡《やすひら》は北海道へ逃走を試み、津軽十三湊《とさみなと》を拠点としていた安藤氏《あんどう》は、一四三二年に南部《なんぶ》氏との戦いに負け北海道へ敗走します。北海道は鎌倉幕府の重罪人の流刑地《るけいち》にもなっており、この罪人を監督していたのは安藤氏でした。

さらに一六二〇年、宣教師のカルワーリュは、秋田から渡航する一〇名ほどのキリシタンに加わって北海道へ渡りましたが、宗教上の理由で本州から逃げ渡った和人も少なくなかったとおもわれます。

アイヌの自由と自治の世界は、日本から排除された罪人、敗者、異教徒なども加わって、アナーキーな状況をみせていたのです。

海賊と傭兵

この自由と自治は、外の世界の人びとにとっては無法以外のなにものでもありませんでした。

たとえば、サハリンへ進出したアイヌはニヴフなど同地の先住民と衝突し、一三世紀にはそれがきっかけとなって、サハリンに政治的影響をおよぼしていた中国の元の王朝と約四〇年にわたって戦争をおこなっていました。

中国史料によれば、一二八五年にアイヌ掃討のためサハリンへ派遣された元軍は兵一万人、船一〇〇〇艘とされます。蒙古襲来で知られる同時期の文永《ぶんえい》の役《えき》（一二七四）に動員された元軍は兵約三万人、船九〇〇艘ですから、それと比較してもかなりの規模であったことがわかります。アイヌは、元軍の追跡をかわしながら捕虜にしたニヴフとともに大陸へわたり、先住民の村々を襲って略奪を働きました。

聖パウロ神学院長のニコラオ・ランチロットは、一五四八年にインドのゴアに滞在していた鹿児島生まれの日本人からアイヌについて聞きとっています。それによれば、アイヌは大小の船に乗って日本へ戦いにくる。陸地に陣営を設けず、海賊のように沿岸伝いに盗みを働き、すぐに逃げる。かれらは弓矢と小刀しか武器をもっていないが、勇敢で死を恐れない、といいます（岸野一九八九）。

近世以前のアイヌは海賊的な人びとだったのです。

一五九一年の九戸《くのへ》城（岩手県）の戦闘では、城をとり囲む仕置軍と九戸方の双方に、毒矢をもつアイヌがいたとされます（『氏郷記《うじさとき》』）。さらに、この戦いに北海道から参軍した蠣《かき》崎慶広《ざきよしひろ》の陣営にも、毒矢を携帯したアイヌ三〇〇名がいたと伝えられます(『奥羽永慶軍《おううえいけいぐん》記《き》』)。

また青森県の聖寿寺館《しょうじゅじたて》遺跡、浪岡城《なみおかじょう》跡、大光寺新城《だいこうじしんじょう》跡という北奥世界を代表する大規模な戦国城館跡では、アイヌが館の内部で和人と共存していたことを示す多くの遺物が出土しており、各陣営は毒矢の使用に長けたアイヌを戦力としてくみこんでいたと考えられています(関根二〇一六)。中世アイヌは傭兵《ようへい》としても活動していたのです。

一六六九年には、江戸時代最大のアイヌ対和人の戦争であるシャクシャインの戦いが勃発しますが、アイヌは三〇~四〇挺の火縄銃をふくむ戦力でこれに対抗し、松前城下の民衆を恐怖と混乱に陥れました。かれらの戦力は侮《あなど》れるようなものではありませんでした。

「余りにも古い精神の遺存」

一方、海民についても、網野善彦が海民の定義のひとつに略奪をあげていたように、海賊行為はかれらの基本的な性格といえるものでした(網野一九八四)。

『日本書紀』応神三年条には、各地の漁民が騒動を起こし、王権の命にしたがわなかったとあり、古墳時代にはすでに、海民による海賊行為が社会問題化していたことがわかります。

海賊行為は、九世紀になると瀬戸内海を中心に多発し、国に納入する官米を積んだ船が次々略奪されるなど、国家にとって大きな脅威となっていました。しかし、浮き草のように移動し、離合集散するかれらを捕捉することは容易ではありませんでした（松原一九九九）。

中世になると、倭寇《わこう》とよばれた人びとが、朝鮮半島多島海の海民や中国の舟山《しゅうざん》列島など華南の海民と結託して海賊行為を働き、また各地の港では海民が寄船《よりふね》から積み荷を略奪し、寄港料をとりたてるなどしていました（黒嶋二〇一三）。海民はまた警固衆《けいごしゅう》という一種の傭兵として、戦国大名の軍事力の一端を担っていました。

このような海民の無法性や暴力性は、自由と自治の裏返しでもありますが、それは陸とは異なる共同利用の場としての海の領域観念にもとづくものであり、したがってかれらに罪悪感はほとんどなかっただろう、と指摘されています（沖浦一九九八）。

無法性といえば、網主や船主の漁業経営としておこなわれる網漁では、それに従事する漁夫が漁獲物をくすねることもありましたが、倉田《くらた》一郎《いちろう》は、これを窃盗《せっとう》行為とみるのはあたっていないといいます。つまりそれは、神からの贈与である漁獲物の平等な分配という意識にもとづくものであり、「唯《ただ》それが余りにも古い精神の遺存であって現代に適合しないまでである」というのです（倉田一九三七）。

北欧の海民であるヴァイキングも、西ヨーロッパの人びとからは、船で襲いかかり、放火、略奪、人さらいをはたらく海賊とみなされていました。しかし近年の研究では、かれらは平和的な交易と略奪の双方をおこなっていたとされます。かれらにとって交易と略奪は対立的な行為ではなく、相互に変換可能であり、それは遠方のモノを入手するという点では大差ない行為だったというのです（熊野二〇〇三）。

海民やアイヌの傭兵化や海賊化という暴力性も、ヴァイキングの暴力が経済的活動にほかならなかったように、農耕モノカルチャーとは異なるマルチカルチャーな生業世界を生きた人びとにとって、生業上のひとつの選択にすぎなかったといえそうです。

ところで、縄文時代においてもこのような海賊的行為や戦争がみられたのかといえば、そうではありません。他殺とみられる縄文時代の人骨は、日本中でわずか二〇体ほどです（内野二〇一三）。しかし弥生時代では、たとえば鳥取県青谷上寺地遺跡の一遺跡だけをみても、十数体の人骨に明瞭な殺戮痕《さつりくこん》が確認されています。

縄文時代の社会は暴力と無縁であり、したがって平和もまた縄文の思想だったといえそうです。ただしそれは、縄文時代の社会が外部をもたない、ひとつの巨大な閉じた系だったからにすぎません。弥生時代以降、自由・自治・平和・平等という縄文の思想をもつ人びとは、外部にとっては無法であり、暴力を帯びた存在にほかならなかったのです。

4　動的な生へ

生の肯定

縄文的な世界は、自由・自治・平和・平等に彩られた世界でした。

ただしそれは、動物の自然状態から長い時間をかけて生みだされてきた、他者とともに生きるための知ではあっても、近代の理念としての自由・自治・平和・平等とは異なる、土俗世界の思想であったといえそうです。

そこでの平等は、才能と野心をもつ若者の排除によって支えられていました。さらに自由・自治・平和・平等は、閉じた系のなかではじめて成立する思想であり、外部にたいしては剝き出しの欲望や暴力にほかなりませんでした。

しかし、実態としての近代の自由・自治・平和・平等と縄文のそれとのあいだに、一体どれほどのちがいがあるのでしょうか。私たち自身、国家という閉じた系のなかで欲望や暴力にとりこまれた存在にほかなりません。

縄文の思想である自由・自治・平和・平等は、さまざまな問題を抱えた「結果」として私たちの目に映っていますが、だからといってその理念自体、否定すべきものではありません。市場経済が貫徹する現代まで脈々と伝えられ、「共産村」と揶揄された海辺の村々の思想についていま一度ふりかえってみること――縄文の思想を知る意味は、その点にもあるのではないでしょうか。

アイヌと海民は贈与に強く執着しましたが、この贈与について寺嶋秀明《てらしまひであき》は次のようにのべています。

人は唯一、自分の存在を何かから与えられたものとして感じとることのできる動物である。それが親であれ、神であれ、自然であれ、人は生を与えてくれた者への負い目を抱く。人間は、現世に生まれた瞬間から負い目として存在する。この負い目を返さなければならないという感情は、人間の実存そのものに由来するのであり、贈与のみがこのやっかいな義務感情を解消できる。いいかえれば、贈与こそが人間を肯定する唯一の手段であり、不断の贈与が生の肯定を生みだす、というのです（寺嶋二〇一一）。

贈与が人間の実存そのものに由来するのだとすれば、商品経済は実存の否定を意味するものであり、したがってアイヌと海民の贈与にたいする執着は、商品経済の非人間性にたいする抵抗であり、生の肯定でもあったといえます。

北東アジアの先住民には「武装的沈黙交易」という習俗がありました。これは、鎧《よろい》をまとって弓矢を帯び、一方の手には抜き身の槍や刀、もう一方の手には交換する品物をもち、一言も交わさずに物々交換をおこなうものです。この習俗は、経済的な行為が本質的には他者にたいする「攻撃」や「戦い」にほかならないことを物語っています。

柄谷行人《からたにこうじん》は、生産様式に代わる交換様式論を唱え、人類史のなかでは贈与と返礼、略取と再分配、商品交換という三つの交換様式が継起し、また同時に存在してきたと指摘します。そして、略取と再分配が生成する国家や、商品交換がもたらす階級分裂を揚棄《ようき》し、自由な相互性のなかで贈与と返礼という交換様式を高次元で回復する、未来にむけて実現されるべき交換様式Xを措定します（柄谷二〇一〇）。

B　再分配 （略取と再分配）（強制と安堵）	A　互酬 （贈与と返礼）
C　商品交換 （貨幣と商品）	D　　X

柄谷行人による交換様式の４つの形態
（『遊動論』文春新書）

縄文の思想を受け継ぐ周縁の人びとのなかには、この贈与と返礼、略取と再分配、商品交換という三つの交換様式が同時に存在していましたが、かれらはそれぞれの交換様式がもたらす国家や階級を強く忌避していました。

これを未開の残存と評価するのはたやすいことです。しかし、未来に向けて実現されるべき交換様式をイメージするうえでも、国家と商品交換を「中和」し「無害化」しようとしてきた、日本列島の周縁の知について考える意味があるとおもわれます。

同化と排他の「あわい」

アイヌ、海民、南島の人びとという、縄文の世界観や習俗をとどめた人びとに共通するのは、漁撈、狩猟、海上交通という移動性に富む生活形態です。

かれらが国家の支配を忌避していたのも、結局は国境や個人の管理によって、その生活の本質である自由な移動が束縛されることを忌避していたからではないか、とおもわれます。

かれらは日本の境界を軽々と越え、ロシア沿海州、サハリン、カムチャツカ、朝鮮半島、中国、東南アジアまで進出しました。周縁の人びとの東ユーラシア沿岸世界への拡大は、縄文のゆるやかな定住の生き方が商品交換の活発化によって歯止めを失い、漂泊性を高めていった状況をあらわしています。ひとつところにとどまらないこの動的な生は、出《しゅっ》アフリカを遂げて地球上の隅々まで移動を重ねてきた、人類の記憶に根差すものなのかもしれません。

民俗学者の宮本常一は、一九五〇年ころ大阪府南海町《なんかいちょう》（現阪南市《はんなんし》）の浜辺で九〇歳すぎの老漁師と出あいます。

この老漁師は若いとき、「漁場が開放され、これからはどこの海でも自由に漁ができる」と聞かされ、友人と二人で旅漁にでかけます。いつのまにか下関《しものせき》まできてしまった二人は、玄界灘《げんかいなだ》を越えてみようと壱岐、対馬を経て朝鮮半島へ渡ります。そこで、いけるところまでいってみようと考えた二人は、朝鮮半島の西海岸を進み、途中で正月を迎えながら中国にたどり着きます。そこで出会った日本人から、南へむかうと天竺《てんじく》（インド）にいけると教えられ、心が動いたものの、その船では小さすぎるといわれて日本へ帰ってきました。途中で捕れた魚を売るなどしていましたが、みな親切で、言葉がつうじなくて困るようなことはなかったというのです。

また、同じころ宮本が淡路《あわじ》仮屋《かりや》（現淡路市）の海岸で出あった七〇歳すぎの老人は、一人で玄界灘を渡って朝鮮半島へ魚を捕りにゆき、魚が面白いように捕れるので釜山《プサン》の近くで四〇年も過ごし、郷里が恋しくなって帰ってくると、位牌《いはい》がつくられていたといいます（宮本一九七四）。これは海民伝説である浦島太郎をおもわせる話です。

宮本は、海の男たちには「可能性を信ずる心」が強かったと振り返っていますが、このエピソードからは、国家を突き抜けた動的な海民の心性がうかがえます。

海民の社会は、閉じた系ではあっても、そこからの離脱を織りこんで成立する世界にほかなりませんでした。アイヌについても、狩猟しながらひとりで山中を放浪し、何年ものあいだ村に帰らなかった若者たちや、山中などに孤立して暮らす人びとの姿を、江戸時代の探検家であった松浦武四郎が記しています。

類的な存在としての私たちは、世界や人間全体との意味的な統合なしには生きられず、社会という制度から逃れることはできません。しかし、そうであるにもかかわらず、私たちは群れから離れたいという「離群」の衝動にさいなまれずにはいられない存在であり、そのためそこから逃げださずにすむ群れの構造という夢をおもい描く存在です（渡辺二〇一一）。

このような共同性のありかたが、海民やアイヌの共同体にそのまま重なるものではないにせよ、離群の衝動を織りこんで成立するかれらの社会のありかたに、注目する必要があるのではないでしょうか。

野地恒有《のじつねあり》は、海民が定住生活をおこなっていても、それはそこに住み続けなければならないという堅固なものではないと指摘します。それは、いつか移動する可能性を内包した「移動をはらんだ定住」であり、村の規制からいつでも抜けだすことが可能な「ゆるやかな定住の生き方」です。つまり漁村とは、その意味ではきわめて都市的な性格をもつものである、というのです（野地二〇〇八）。

農耕民・商品経済・国家への同化と排他の「あわい」を生きた、ゆるやかなつながりの知として縄文の思想の意味を考えてみたいとおもいます。

喧騒の思想

若槻真治《わかつきしんじ》は、アフリカの狩猟採集民の社会が、にぎやかでうるさい「声に満ちた村」であることに注目します。

会話の場でめいめいが勝手にしゃべりだす「同時発話《はつわ》」、だれも聞いていないことを知りながら大声で演説をおこない、その声が耳に入っているにもかかわらず、みなが無関心を装う「だれも聞かない熱弁」、議論に決着をつけようとせず、延々と会話が続く「冗長《じようちよう》性」──アフリカの狩猟採集民のこうした特徴は、かれらが中心の生成を拒み、個人の発話の平等性を確保していたことを意味しています。

そのうえで若槻は、記紀神話のなかで、スサノオが泣いてばかりいるので悪神の声がうるさい蝿のように満ちて災害が頻発したこと、さらにアマテラスが天岩戸《あまのいわと》に隠れて世界が暗闇に閉ざされ、たくさんの神の声がうるさい蝿のように満ちたとされることについて、王権にとって声に満ちた喧騒《けんそう》の状態は野蛮な無秩序と汚辱を意味するものであり、沈静化し清浄化すべきものであった、と指摘しています（若槻二〇〇六）。

実際、『延喜式』所収の六月晦大祓祝詞《みなづきのつごもりのおおはらえののりと》では、天皇が岩石、樹木、草のはてまでにぎやかに物をいうのをやめさせ、豊葦原瑞穂国《とよあしはらのみずほのくに》を平定した歴史が語られます。

そこでおもいだすのは、宮本常一が対馬北部のクジラ漁で有名な海辺の村で、「古い記録をみせてほしい」とお願いしたときのエピソードです。宮本の依頼をうけて村人全員が寄りあつまり、各人が本筋とは関係のない話を延々と繰り返しながら、数日がかりでようやく貸してもよいといった、というのです（宮本一九八四）。

また伊藤野枝《いとうのえ》は、博多湾に面し、かつて港町だった故郷の糸島郡今宿村《いまじゅく》（現福岡市西区今宿）には、自由と自治と相互扶助の暮らしがあったとして、次のようにのべています。

そこでは、何事かあれば全員で話しあいがおこなわれる。それは幾晩にもおよぶことがある。だれもが発言し、「他人のおもわくをはかつて、自分の意見に対して臆病にならねばならぬやうな不安な空気」はまったくない。結論はだれかが決めるのではなく、みなの知識と意見が出尽くせば、ひとりでにできあがるというのです（井手ほか編二〇〇〇）。

さらにアイヌのカムイノミ（神への祈り）でも、参列者がめいめいに自分の祈りのことばを同時に語りだし、荘厳な「喧騒」の場を生みだします。

中心の生成を拒みながら、強制と圧力とは無縁な同意を生みだす「喧騒」の思想、多数者が少数者を従属させない共同性のありかたもまた、周縁の思想であり、縄文の思想であったにちがいありません。

海民史観から縄文史観へ

網野善彦は、『延喜式』に記載された神饌が、コメや酒などの農産物より海産物が大きな比重を占めていたことから、「日本の神々はたんに農業神としてだけではけっして理解しがたい、著しい海の香を身につけた神々だった」とのべ、列島社会のなりたちを複眼的にとらえる海民史観を唱えました。

網野は、海民が農耕民とは異なる独自の世界をもち、農耕民がその生活を維持するうえでなくてはならない交易相手であったこと、中世や近世初期の商人の出自も圧倒的に海民であったことなどをあげ、日本の社会像をいちじるしくゆがめてきた閉塞的な「島国論」「稲作一元論」を克服するため、なにより海民の社会と歴史の研究を早急に充実させる必要がある、と訴えたのです（網野一九八七・二〇〇四）。

網野はまた、私たちの課題は、日本列島の自然のなかで形成されてきた社会の個性を、国家成立のはるか以前にまでさかのぼって明らかにすることであり、そのなかにこそ日本と国家を超える思想と論理があるはずだ、とのべました。

本書は、この網野の海民論に折口信夫のまれびと論を接合しながら縄文へ遡及しようとする試みであり、ともに列島の基層の思想を明らかにしようとした二人の偉大な研究者が、射程におさめつつ果たすことのできなかった縄文へのアプローチに、ひとつの具体的な方法を示そうとするものなのです。

縄文と海民史観の接合は、日本人とは異なる自意識をもちながら、縄文の思想をとどめてきたアイヌと南島の人びとの歴史との架橋も意味します。そしてこの縄文による架橋は、日本列島の人びとを縄文に回収しようとする本質主義的な試みではなく、単一民族的な日本人論や日本文化論の枠組みを開きながら、そこに共存の展望をみいだそうとする、同化と排他の「あわい」の試みにほかなりません。

中沢新一《なかざわしんいち》は、網野の海民史観の提唱が、日本人の根底にセットされていながら、いまは覆い隠されてみえなくなっている、体制からの「離脱」や「逃亡」といったデラシネ性、つまり日本人の自由の問題とむすびついていた、と指摘しています（中沢ほか二〇一四）。本書のなかで浮かび上がってきた縄文の思想とは、私たちのなかで覆い隠されてみえなくなっている、まさにこの自由の思想だったのです。

平地人を戦慄せしめよ

私たちは動的な生を失い、自然の霊力と一体化するテクネも失いました。

海と山の世界を往還していた神は、農耕民や王権によって水田と山を往還するいびつな存在に変形され、美しい山の女神は醜い腐乱死体や這いまわるワニに反転されました。

それはまた、楽土である彼岸からやってきて私たちの生を祝福し、未来を言祝ぐ「まれびと」を失った世界であり、あふれる声を失った沈黙の世界です。

その息苦しい世界のなかで、約束されない未来にむかって生きる私たちは、海と山を往還する全体性のなかに自然を解き放ち、生にたいする確信に満ちた肯定をとりもどさなければなりません。

そして、そのとき聞こえてくるのが、縄文の記憶が発する声なのではないでしょうか。

その声は、此岸の世界に押しとどめられたスサノオのやまない泣き声のように、五月蠅《さばえ》じみた悪神たちの声が満ち満ち、物という物が妖気を帯びた、平地人を戦慄せしめる世界をかいまみせるのではないか、とおもわれるのです。

おわりに

縄文の思想をめぐって、最後にあるエピソードを紹介したいとおもいます。

徳島県南部の海辺に、自殺率が低いことで注目されてきた町があります。

それは海部《かいふ》川の河口付近に位置する旧海部《かいふ》町（現海陽《かいよう》町）です。「海部」の名が示すとおり、この地域は古代海民の一拠点であったとおもわれます。

二〇〇八年から現地調査をおこなった予防医学者の岡檀《おかまゆみ》によれば、旧海部町には山間の町などとは明らかに異なる気風があるといいます（岡二〇一三）。

たとえばこの町には、江戸時代に成立した「朋輩組《ほうばいぐみ》」とよばれる相互扶助組織がありますが、それは一般に排他的で垂直的な関係が強い、若者組などの類似組織とは対極的な性格をもっています。

そこでは、他人と足並みをそろえることにまったく重きが置かれません。「水平な人間関係、弾力性の高い合意形成のプロセス」のなかで、個人の自由意志が最大限尊重されます。いつでも入退会でき、入会を拒否しても排除されず、なんら不利益を被ることがないばかりか、女性の参加も拒みません。

町の人びとは「統制されるのが嫌い」で、ゆるやかにつながっています。人に強制すれば「野暮《やぼ》」という言葉が投げつけられ、その言葉が強制や圧力を排除する一種の「魔除けの札」になっています。

そこで岡は、旧海部町のコミュニティは、人びとに「生きづらさ」をもたらす自由の侵害や圧力の行使を、可能なかぎりとりのぞいてきた社会であり、「生き心地の良い町」なのだ、としています。

ところで、この旧海部町をふくむ全国でもっとも自殺率の低い一〇の市区町村をみると、新潟県粟島浦村《あわしまうらむら》（粟島）、東京都利島村《としまむら》（利島）、同神津島村《こうづしまむら》（神津島）、愛媛県魚島村《うおしまむら》（魚島）、広島県下蒲刈町《しもかまがりちょう》（下蒲刈島）、長崎県伊王島町《いおうじまちょう》（伊王島）、鹿児島県里村《さとむら》（上甑島《かみこしきじま》）、沖縄県渡嘉敷村《とかしきそん》（渡嘉敷島）、同渡名喜村《となきそん》（渡名喜島）となっています（一九七三〜二〇〇二年の平均値）。

これらはすべて「島」であり、そこに山間の村や内陸の町は入っていません。「共産村」と揶揄された海辺の村々の縄文の思想は、消え去ることなくこの瞬間もたしかに生き続け、そこに暮らす人びとの生を意味づけている、とおもわれるのです。

現代に生きる私たちが、縄文の思想を生きることは可能なのではないでしょうか。

アイヌのなかに古代海民と共通する神話・伝説がなぜいくつもあるのか——。

その疑問からはじまった謎解きは、次々発見と気づきをもたらし、まったく予想もしなかった広大な時空間へ私を導くとともに、縄文を視点とする新しい列島史や列島文化論の可能性をかいまみせてくれました。

*

考古学では、肉眼では確認できない土器や木簡などの墨書を、赤外線撮影によって鮮やかに浮かび上がらせます。私たちをとりまく世界が、目にはみえない実在に満ちていることを強く実感する瞬間です。

同様に、日本列島の歴史や文化を縄文という光で照らしてみれば、一見平板で単系的にみえる私たちの世界のなかに、縄文と弥生という異文化が織りなす重層的な構造が浮かび上がってくるにちがいありません。ひょっとすると、私たちの世界はおどろくほど濃密な縄文で彩られているかもしれないのです。

たとえば、季節を定めて海からやってきた神が、山を模したかにみえる超高層の神殿に坐す神のもとへ往還する、古代〜中世の出雲大社のきわめて特異なありかたもまた、海と山を往還する神という縄文の思想と無縁ではないだろう、と私は考えています。実際、本書でのべたように、出雲は濃密な縄文の思想で彩られてきた世界だったのです。

いずれにしても、ジェットコースターのように次々と新しい視界をもたらした今回の知的冒険の過程で、なんども味わったおもわず声に出したくなる強烈な楽しさを、本書をつうじて少しでもみなさんと共有できたとすれば、これ以上の喜びはありません。

＊

同化と排他の「あわい」を生きたアイヌの姿を描く拙著『アイヌ学入門』（講談社現代新書）につづいて執筆の機会を与えてくださった、講談社現代新書編集部の山﨑比呂志さんに心からお礼を申し上げます。山﨑さんは旭川へ何度も足を運び、あるいは電話口で長い議論を重ねながら、まさに二人三脚で本書を形にしてくださいました。

最後に、今回も校正を引き受けてくれた妻の加代子に感謝します。

引用文献

浅井　亨　一九七九「蝦夷語のこと」『日本古代文化の探究〔蝦夷〕』社会思想社
浅川滋男　二〇〇三「東アジア漂海民と家船居住」『鳥取環境大学紀要』一
安里　進　二〇一三「七～一二世紀の琉球列島をめぐる三つの問題」『国立歴史民俗博物館研究報告』一七九
網野善彦　一九七八『無縁・公界・楽』平凡社
網野善彦　一九八四『日本中世の非農業民と天皇』岩波書店
網野善彦　一九八七「中世から見た古代の海民」『日本の古代』八、中央公論社
網野善彦　二〇〇四『日本論の視座――列島の社会と国家』小学館
有元光彦　二〇〇二「2つの連続性と2本の『海の道』――九州西部諸方言の動詞テ形に起こる音韻現象」『国語学』五三―一
石田　肇・埴原恒彦・佐宗亜衣子・比嘉貴子　二〇〇〇「旭川市博物館所蔵河野コレクション中の古人骨資料」『旭川市博物館研究報告』六
石田　肇　二〇〇三「骨から探る人類の歴史」『骨の事典』朝倉書店
板垣俊一　一九九五「渡来人の伝説――神功皇后鎮懐石伝説および天の日矛伝説と朝鮮シャーマニズム」『北東アジア地域の諸問題』県立新潟女子短期大学北東アジア地域研究会
五木寛之・沖浦和光　二〇一三『辺界の輝き――日本文化の深層をゆく』ちくま文庫

井手文子・堀切利高編　二〇〇〇『定本伊藤野枝全集』三、學藝書林
伊藤亜人　一九八三「漁民集団とその活動」『日本民俗文化大系』五、小学館
稲垣自由　二〇一〇「古墳時代における土製模造鏡祭祀についての一考察」『山梨県立考古博物館・山梨県
　埋蔵文化財センター研究紀要』二六
稲田健一　二〇一七「磯崎東古墳群の石棺墓」『墳丘をもたない石棺墓』同研究集会レジュメ
稲田浩二・小澤俊夫　一九八九『日本昔話通観』一、同朋舎出版
井上直彦・幸地省子　一九八七「近世アイヌにおける前歯の抜歯」『人類学雑誌』九五―三
乾　芳宏　二〇〇一「フゴッペ洞窟考古学調査の概要」『余市水産博物館研究報告』四
指宿市考古博物館編　二〇〇二『薩摩の「隼人」と律令制度』
上原孝三　二〇〇四「沖縄の山の神について」『東北学』一〇、作品社
ヴォヴィン、アレキサンダー　二〇〇九『萬葉集と風土記に見られる不思議な言葉と上代日本列島に於ける
　アイヌ語の分布』国際日本文化研究センター
内田律雄　二〇〇三「川を上る和爾」『古代近畿と物流の考古学』学生社
内野那奈　二〇一三「受傷人骨からみた縄文の争い」『立命館文學』六三三
宇部則保　二〇〇九「香深井1遺跡の土師器について」『北海道考古学』四五
榎村寛之　二〇〇三「平安宮の鬼と宮廷祭祀」『怪異学の技法』臨川書店
大江　篤　二〇〇六「亀卜と怪異――媒介者としての卜部」『亀卜』臨川書店
大賀克彦　二〇一六「奥尻島青苗遺跡出土の玉類」『玉文化研究』二
大阪府立弥生文化博物館編　一九九四『サンゴ礁をわたる碧の風』
大阪府立弥生文化博物館編　二〇〇四『弥生のころの北海道』

大島秀俊　一九九五「フゴッペ洞窟および手宮洞窟壁画の一考察」『北海道考古学』三一
大塚一美　一九九四「危難逃れの呪文＝ポニタク考」『トカプチ　十勝郷土研究』八、静窓書房
大西英之　二〇一六「文化財ポリティクスとしての景観価値」『景観人類学』時潮社
大貫静夫　二〇〇九「掠妻の考古学」『国立歴史民俗博物館研究報告』一五一
大林太良　一九六五『葬制の起源』角川新書
大山　元　二〇〇二『古代史料に見る縄文伝承』きこ書房
岡　檀　二〇一三『生き心地の良い町――この自殺率の低さには理由がある』講談社
小川英爾　二〇一一「聖なる山と妙高寺」『妙高寺寺報――妙の光』三月号
沖浦和光　一九九八『瀬戸内の民俗誌』岩波新書
沖縄県立博物館・美術館編　二〇一五『琉球弧の葬墓制』
奥尻町教育委員会編　一九七九『奥尻島青苗遺跡図版編』
奥尻町教育委員会編　一九八一『奥尻島青苗遺跡』
小原一夫　一九八九「南島入墨考」『日本民俗文化資料集成』九、三一書房
折口信夫　一九八三「民族史観における他界観念・神道宗教化の意義」『折口信夫全集』二〇、中央公論社
折口信夫　一九九五a「『とこよ』と『まれびと』と」『折口信夫全集』四、中央公論社
折口信夫　一九九五b「偶人信仰の民俗化並びに伝説化せる道」『折口信夫全集』三、中央公論社
折口信夫　二〇〇三『古代研究3　国文学の発生』中公クラシックス
鹿島郡自治会編　一九二八『石川県鹿島郡誌』
柏木善治　二〇一五「横穴墓にみる海洋民の様相」『海浜型前方後円墳の時代』同成社
柄谷行人　二〇一〇『世界史の構造』岩波書店

川島秀一　二〇〇三『漁撈伝承』法政大学出版局
川島秀一　二〇一二「漁師の呪術観」『国立歴史民俗博物館研究報告』一七四
神澤秀明　二〇一五「縄文人の核ゲノムから歴史を読み解く」『生命誌ジャーナル』八七
神澤勇一　一九九〇「呪術の世界——骨卜のまつり」『考古学ゼミナール弥生人とまつり』六興出版
菊池徹夫　二〇〇二「洞窟遺跡に見る続縄文以降の諸文化」『洞窟遺跡を残した続縄文の人びと』北海道開拓記念館
岸野　久　一九八九『西欧人の日本発見——ザビエル来日前日本情報の研究』吉川弘文館
木島甚久　一九九二「日本漁業史論考」『日本民俗文化資料集成』三、三一書房
北東北古代集落遺跡研究会編　二〇一四『九～一一世紀の土器編年構築と集落遺跡の特質からみた、北東北世界の実態的研究』
北見俊夫　一九八九『日本海島文化の研究——民俗風土論的考察』法政大学出版局
木下尚子　二〇〇〇「海人伝承考：『貝の道』譚復元の試み」『熊本大学文学部論叢』六九
金　建洙　二〇〇二「韓半島の卜骨」『考古学ジャーナル』四九二
金田一京助　一九四二『アイヌ叙事詩　ユーカラ概説』青磁社
金田一京助　一九六〇「胡沙考」『アイヌ語研究』三省堂
久保寺逸彦　一九七二『アイヌの昔話』三弥井書店
久保寺逸彦　二〇〇一『アイヌ民族の宗教と儀礼——久保寺逸彦著作集一』草風館
熊野　聰　二〇〇三『ヴァイキングの経済学』山川出版社
久米邦武　一九一五『裏日本』公民同盟出版部
倉田一郎　一九三七「かんだら攷」『民間伝承』二—七

黒嶋　敏　二〇一三『海の武士団――水軍と海賊のあいだ』講談社選書メチエ
釼持輝久　一九九九「海蝕洞穴遺跡の研究」『考古学ジャーナル』四四一
小泉　保　二〇一三『縄文語の発見』青土社
河野広道　一九三一「近文アイヌの祖先に関する伝説」『蝦夷往来』三
国立歴史民俗博物館編　一九八五『国立歴史民俗博物館研究報告』七
国立歴史民俗博物館編　一九九三『装飾古墳の世界』
小嶋芳孝　一九九〇「舳倉島と能登――考古学からみた海民の歴史」『海と列島文化一――日本海と北国文化』小学館
小嶋芳孝　二〇〇二「古代日本海世界北部の交流」『北の環日本海世界』山川出版社
児玉作左衛門・伊藤昌一　一九三九「アイヌの文身の研究」『北方文化研究報告』二
後藤　明　二〇一〇『海から見た日本人――海人で読む日本の歴史』講談社選書メチエ
小林青樹　二〇〇九「海人の性格――アワビオコシと銛頭」『弥生時代の考古学』五、同成社
五来　重　二〇〇八『山の宗教』角川ソフィア文庫
西郷信綱　一九九三『古代人と夢』平凡社ライブラリー
西郷信綱　一九九九『古代人と死』平凡社選書
斎藤成也　二〇一五『日本列島人の歴史』岩波ジュニア新書
坂田邦洋　一九七三「現代日本人に見られた風習的抜歯例」『考古学ジャーナル』八九
桜田勝徳　一九四九「背後農村との交渉」『海村生活の研究』日本民俗学会
笹生　衛　二〇〇六「考古資料から見た古代の亀卜・卜甲と卜部」『亀卜』臨川書店
佐藤弘夫　二〇〇九「死者は山に棲むか?――『日本人』の霊魂観・再考」『アジア遊学　東アジアの死者

の行方と葬儀』勉誠出版
佐藤幸夫　一九八五『名寄叢書六　北風磯吉資料集』名寄市教育委員会
佐藤亮一　二〇〇二『お国ことばを知る――方言の地図帳』小学館
更科源蔵　一九五八『北海道伝説集　アイヌ篇』楡書房
設楽博己　一九九三「壺棺再葬墓の基礎的研究」『国立歴史民俗博物館研究報告』五〇
設楽博己　二〇〇三「続縄文文化と弥生文化の相互交流」『国立歴史民俗博物館研究報告』一〇八
設楽博己　二〇〇五「側面索孔燕形銛頭考」『海と考古学』六一書房
設楽博己　二〇〇八「弥生時代の儀礼の諸相」『弥生時代の考古学』七、同成社
砂沢クラ　一九八三『ク　スクップ　オルシペ』北海道新聞社
瀬川拓郎　二〇〇〇「旭川市博物館所蔵古人骨資料の来歴」『旭川市博物館研究報告』六
瀬川拓郎　二〇〇五『アイヌ・エコシステムの考古学』北海道出版企画センター
瀬川拓郎　二〇〇七『アイヌの歴史――海と宝のノマド』講談社選書メチエ
瀬川拓郎　二〇一一『アイヌの世界』講談社選書メチエ
瀬川拓郎　二〇一二「続縄文・擦文文化と古墳文化」『古墳時代の考古学』七、同成社
瀬川拓郎　二〇一五『アイヌ学入門』講談社現代新書
瀬川拓郎　二〇一六『アイヌと縄文――もうひとつの日本の歴史』ちくま新書
関根達人　二〇一六『モノから見たアイヌ文化史』吉川弘文館
高瀬克範　一九九九「魚形石器の謎」『新弥生紀行』朝日新聞社
高瀬克範　二〇一四「続縄文文化の資源・土地利用」『国立歴史民俗博物館研究報告』一八五
高取正男　一九九四「遁世・漂泊者の理解をめぐって」『日本歴史民俗論集』八、吉川弘文館

滝川政次郎　一九五八「斉明朝における東北経略補考」『史学雑誌』六七―二
竹中正巳　二〇一二「古人骨からみた南九州の古墳時代人」『骨考古学と蝦夷・隼人』同成社
田辺　悟　一九九三「日本の蜑人と風土」『日本歴史民俗論集七―海・川・山の生産と信仰』吉川弘文館
谷川健一編　一九九〇『日本民俗文化資料集成』五、三一書房
谷川健一　一九九四『海神の贈物［民俗の思想］』小学館
谷川健一　一九九五『古代海人の世界』小学館
谷川健一　二〇〇四「山の神の原像――海の神との関連において」『東北学』一〇
谷川健一　二〇一三『魂の還る処』アーツアンドクラフツ
田畑博子　二〇一五「大分における蜑人の系譜」『熊本大学社会文化研究』一三
千葉徳爾　一九七一『続狩猟伝承研究』風間書房
千代　肇　二〇〇〇「古墳文化の北方伝播と後期続縄文文化南進の問題」『村越潔先生古稀記念論文集』
曺　永鉉・吉井秀夫　二〇〇〇「新羅・加耶の横口・横穴式石室墳」『考古学ジャーナル』四六一
知里真志保　一九五六『地名アイヌ語小辞典』北海道出版企画センター
知里真志保　一九七三a「アイヌに伝承される歌舞詞曲に関する調査研究」『知里真志保著作集』二、平凡社
知里真志保　一九七三b「ユーカラの人々とその生活」『知里真志保著作集』三、平凡社
知里真志保　一九七四「アイヌ語入門」『知里真志保著作集』四、平凡社
知里真志保　一九八六『和人は舟を食う』北海道出版企画センター
筒井　功　二〇〇五『漂泊の民サンカを追って』現代書館
筒井　功　二〇一一『新・忘れられた日本人』河出書房新社

寺嶋秀明　二〇一一『平等論――霊長類と人における社会と平等性の進化』ナカニシヤ出版
樋泉岳二　一九九九「池子遺跡№1‐A地点における魚類遺体と弥生時代の漁撈活動」『かながわ考古学財団調査報告』四六
中沢新一・五木寛之　二〇一四「網野さんともっとアジアや宗教の話をしたかった」『現代思想』四二―一九
永松　敦　二〇〇七「山の神と贄」『基盤研究B研究成果報告書――東アジアにおける人と自然の対抗／親和の諸関係に関する宗教民俗学的研究』（研究代表者：中村生雄）
仲松弥秀　一九四四「糸満町及び糸満漁夫の地理的研究」『地理学評論』二〇―二
中村　勉　二〇〇二「三浦半島における卜骨・卜甲研究の現状」『考古学ジャーナル』四九二
中村啓信監修訳注　二〇一五『風土記』角川ソフィア文庫
南里みち子　一九八九「霊異記の成立事情」『語文研究』六六・六七
西川修一　二〇一六「相模湾沿岸部における古墳時代の臨海性墓制について」『長谷小路周辺遺跡発掘調査報告書』斉藤建設
西本豊弘　一九九九「続縄文時代の食料」『新弥生紀行』朝日新聞社
西谷栄治　二〇一〇「博物館発利尻情報」『広報りしり』四三九
野地恒有　二〇〇八『漁民の世界――「海洋性」で見る日本』講談社選書メチエ
野村　崇・瀧瀬芳之　一九九〇「北海道余市町フゴッペ洞窟前庭部出土の鉄製武器」『古代文化』四二―一〇
野村　崇　一九九三「北海道出土の石製模造品に関するノート」『吉崎昌一先生還暦記念論集／先史学と関連科学』北海道図書企画

羽原又吉　一九六三『漂海民』岩波新書
早川　昇　一九七〇『アイヌの民俗』岩崎美術社
原口耕一郎　二〇〇六「国栖の歌笛奏上とこれに関わる官司について」『人間文化研究』四
春成秀爾　二〇〇二『縄文社会論究』塙書房
春成秀爾　二〇一一『祭りと呪術の考古学』塙書房
日高　慎　二〇〇一「東北北部・北海道地域における古墳時代文化の受容に関する一試考」『海と考古学』四
福井淳一　二〇〇六「骨角製魚鈎状製品について」『坂詰秀一先生古稀記念論文集——考古学の諸相Ⅱ』
福井淳一　二〇一〇「続縄文文化における骨角器の動態」『北海道考古学』四六
福田　晃　一九六二「甲賀三郎の後胤」『國學院雜誌』六三—六、七・八
福田　晃　一九九二『南島説話の研究』法政大学出版局
服藤早苗　二〇一〇「傀儡女の登場と変容」『埼玉学園大学紀要（人間学部篇）』一〇
フゴッペ洞窟調査団編　一九七〇『フゴッペ洞窟』ニュー・サイエンス社
藤沢市教育文化センター編　一九九九「藤沢を知る——江の島」『ふじさわ教育』一一九
藤田富士夫　一九九〇「佐渡と沿岸地方の考古学」『海と列島文化一——日本海と北国文化』小学館
藤村久和　一九八五『アイヌ、神々と生きる人々』福武書店
北海道開拓記念館編　二〇〇二『洞窟遺跡を残した続縄文の人びと』
北海道埋蔵文化財センター編　一九八八『函館市桔梗2遺跡』
北海道埋蔵文化財センター編　一九九六『美沢川流域の遺跡群ＸＸ』
北海道埋蔵文化財センター編　二〇〇四『遺跡が語る北海道の歴史』

堀田吉雄　一九六六『山の神信仰の研究』伊勢民俗学会
穂積裕昌　二〇〇八「伊勢・志摩・熊野と海人の考古学」『海人たちの世界——東海の海の役割』中日出版社
堀　一郎　一九六三「万葉集にあらわれた葬制と、他界観、霊魂観について」『宗教・習俗の生活規制』未来社
本田優子　二〇〇三「アイヌの生活文化」『平成一五年度普及啓発セミナー報告』アイヌ文化振興・研究推進機構
松江市　二〇一七『松江市島根町まち歩き散策マップ』
松原弘宣　一九九九『藤原純友』吉川弘文館
松村博文　二〇〇三「渡来系弥生人の拡散と続縄文人時代」『国立歴史民俗博物館研究報告』一〇七
松本隆信　一九七六「中世における本地物の研究（三）」『斯道文庫論集』一三
黛　弘道　一九八七「海人族のウヂを探り東漸を追う」『日本の古代八・海人の伝統』中央公論社
三品彰英　一九七一『神話と文化史——三品彰英論文集・三』平凡社
宮本常一　一九七四『日本の海洋民』未来社
宮本常一　一九八四『忘れられた日本人』岩波文庫
宮本常一　二〇〇七『なつかしい話——歴史と風土の民俗学』河出書房新社
村崎恭子　二〇一三「アイヌ語地名で探る日本列島」『聚美』七・八
室山敏昭　一九七八「漁業社会の『波』の語彙」『国文学攷』七八
本山桂川　一九三三「壱岐に於ける神功皇后伝説の分布」『旅と伝説』七一
森　浩一　一九九三『日本神話の考古学』朝日新聞社

森本　孝　二〇〇六『舟と港のある風景――日本の漁村・あるくみるきく』農文協
柳田國男　一九六四「山立と山臥」『定本柳田國男集』三一、筑摩書房
矢野憲一　一九七九『鮫』法政大学出版局
山口博之　二〇〇三「遊佐荘大楯遺跡の成立」『山形県埋蔵文化財センター研究紀要』一
山田俊輔　二〇一六「鹿角製刀剣装具の系列」『日本考古学』四二
山田秀三　一九八二『山田秀三著作集』一、草風館
余市町教育委員会編　二〇〇〇『大川遺跡における考古学的調査Ⅱ』
米田　穣　二〇一二「縄文時代における環境と食生態の関係」『季刊考古学』一一八、雄山閣
若槻真治　二〇〇六「狩猟採集民の精神と権力――『喧騒論』として」『古代文化研究』一四、島根県古代文化センター
脇田晴子　二〇〇一『女性芸能の源流――傀儡子・曲舞・白拍子』角川選書
和田　萃　二〇〇八「大王と海民」『海人たちの世界――東海の海の役割』中日出版社
渡辺京二　二〇一一『なぜいま人類史か』洋泉社新書

N.D.C. 210　266p　18cm
ISBN978-4-06-288454-9

講談社現代新書　2454
縄文《じょうもん》の思想《しそう》
二〇一七年一一月二〇日第一刷発行

著　者　瀬川拓郎《せがわたくろう》　

発行者　鈴木　哲
発行所　株式会社講談社
東京都文京区音羽二丁目一二—二一　郵便番号一一二—八〇〇一
電　話　〇三—五三九五—三五二一　編集（現代新書）
〇三—五三九五—四四一五　販売
〇三—五三九五—三六一五　業務
装幀者　中島英樹
印刷所　凸版印刷株式会社
製本所　株式会社大進堂
定価はカバーに表示してあります　Printed in Japan

「講談社現代新書」の刊行にあたって

教養は万人が身をもって養い創造すべきものであって、一部の専門家の占有物として、ただ一方的に人々の手もとに配布され伝達されうるものではありません。

しかし、不幸にしてわが国の現状では、教養の重要な養いとなるべき書物は、ほとんど講壇からの天下りや単なる解説に終始し、知識技術を真剣に希求する青少年・学生・一般民衆の根本的な疑問や興味は、けっして十分に答えられ、解きほぐされ、手引きされることがありません。万人の内奥から発した真正の教養への芽ばえが、こうして放置され、むなしく滅びさる運命にゆだねられているのです。

このことは、中・高校だけで教育をおわる人々の成長をはばんでいるだけでなく、大学に進んだり、インテリと目されたりする人々の精神力の健康さえもむしばみ、わが国の文化の実質をまことに脆弱なものにしています。単なる博識以上の根強い思索力・判断力、および確かな技術にささえられた教養を必要とする日本の将来にとって、これは真剣に憂慮されなければならない事態であるといわなければなりません。

わたしたちの「講談社現代新書」は、この事態の克服を意図して計画されたものです。これによってわたしたちは、講壇からの天下りでもなく、単なる解説書でもない、もっぱら万人の魂に生ずる初発的かつ根本的な問題をとらえ、掘り起こし、手引きし、しかも最新の知識への展望を万人に確立させる書物を、新しく世の中に送り出したいと念願しています。

わたしたちは、創業以来民衆を対象とする啓蒙の仕事に専心してきた講談社にとって、これこそもっともふさわしい課題であり、伝統ある出版社としての義務でもあると考えているのです。

一九六四年四月　野間省一

日本史

1258 身分差別社会の真実——斎藤洋一 大石慎三郎
1265 七三一部隊——常石敬一
1292 日光東照宮の謎——高藤晴俊
1322 藤原氏千年——朧谷寿
1379 白村江——遠山美都男
1394 参勤交代——山本博文
1414 謎とき日本近現代史 野島博之
1599 戦争の日本近現代史 加藤陽子
1648 天皇と日本の起源 遠山美都男
1680 鉄道ひとつばなし——原武史
1702 日本史の考え方——石川晶康
1707 参謀本部と陸軍大学校 黒野耐

1797 「特攻」と日本人——保阪正康
1885 鉄道ひとつばなし2——原武史
1900 日中戦争——小林英夫
1918 日本人はなぜキツネにだまされなくなったのか 内山節
1924 東京裁判——日暮吉延
1931 幕臣たちの明治維新 安藤優一郎
1971 歴史と外交——東郷和彦
1982 皇軍兵士の日常生活 一ノ瀬俊也
2031 明治維新 1858-1881 坂野潤治 大野健一
2040 中世を道から読む——齋藤慎一
2089 占いと中世人——菅原正子
2095 鉄道ひとつばなし3——原武史
2098 戦前昭和の社会 1926-1945——井上寿一

2106 戦国誕生——渡邊大門
2109 「神道」の虚像と実像 井上寛司
2152 鉄道と国家——小牟田哲彦
2154 邪馬台国をとらえなおす——大塚初重
2190 戦前日本の安全保障——川田稔
2192 江戸の小判ゲーム——山室恭子
2196 藤原道長の日常生活 倉本一宏
2202 西郷隆盛と明治維新 坂野潤治
2248 城を攻める 城を守る——伊東潤
2272 昭和陸軍全史1——川田稔
2278 織田信長〈天下人〉の実像 金子拓
2284 ヌードと愛国——池川玲子
2299 日本海軍と政治——手嶋泰伸

G

哲学・思想Ⅰ

Ⓐ

哲学・思想Ⅱ

13 論語――貝塚茂樹
285 正しく考えるために 岩崎武雄
324 美について――今道友信
1007 日本の風景・西欧の景観――オギュスタン・ベルク 篠田勝英 訳
1123 はじめてのインド哲学 立川武蔵
1150 「欲望」と資本主義――佐伯啓思
1163 「孫子」を読む――浅野裕一
1247 メタファー思考――瀬戸賢一
1248 20世紀言語学入門 加賀野井秀一
1278 ラカンの精神分析――新宮一成
1358 「教養」とは何か――阿部謹也
1436 古事記と日本書紀 神野志隆光
1439 〈意識〉とは何だろうか 下條信輔
1542 自由はどこまで可能か 森村進
1544 倫理という力――前田英樹
1560 神道の逆襲――菅野覚明
1741 武士道の逆襲――菅野覚明
1749 自由とは何か――佐伯啓思
1763 ソシュールと言語学――町田健
1849 系統樹思考の世界――三中信宏
1867 現代建築に関する16章 五十嵐太郎
1875 日本を甦らせる政治思想 菊池理夫
2009 ニッポンの思想――佐々木敦
2014 分類思考の世界――三中信宏
2093 ウェブ×ソーシャル×アメリカ 池田純一
2114 いつだって大変な時代――堀井憲一郎
2134 いまを生きるための思想キーワード――仲正昌樹
2155 独立国家のつくりかた 坂口恭平
2164 武器としての社会類型論 加藤隆
2167 新しい左翼入門――松尾匡
2168 社会を変えるには――小熊英二
2172 私とは何か――平野啓一郎
2177 わかりあえないことから 平田オリザ
2179 アメリカを動かす思想 小川仁志
2216 まんが 哲学入門――森岡正博 寺田にゃんこふ
2254 教育の力――苫野一徳
2274 現実脱出論――坂口恭平
2290 闘うための哲学書――小川仁志 萱野稔人

世界の言語・文化・地理

958 英語の歴史――中尾俊夫

987 はじめての中国語――相原茂

1025 J・S・バッハ――礒山雅

1073 はじめてのドイツ語　福本義憲

1111 ヴェネツィア――陣内秀信

1183 はじめてのスペイン語　東谷穎人

1353 はじめてのラテン語　大西英文

1396 はじめてのイタリア語　郡史郎

1446 南イタリアへ!――陣内秀信

1701 はじめての言語学　黒田龍之助

1753 中国語はおもしろい　新井一二三

1949 見えないアメリカ――渡辺将人

1959 世界の言語入門――黒田龍之助

2052 なぜフランスでは子どもが増えるのか　中島さおり

2081 はじめてのポルトガル語　浜岡究

2086 英語と日本語のあいだ　菅原克也

2104 国際共通語としての英語　鳥飼玖美子

2107 野生哲学――管啓次郎　小池桂一

2108 現代中国「解体」新書――梁過

2158 一生モノの英文法――澤井康佑

2227 アメリカ・メディア・ウォーズ――大治朋子

2228 フランス文学と愛――野崎歓